의녀

11 키워드 한국문화

의녀

팔방미인 조선 여의사

한희숙 지음

문학동네

차례

머리말

의녀란 누구인가?

유교 이데올로기를 추구한 조선시대에는 '남녀칠세부동석男女七歲不同席'이라는 말에서 알 수 있듯 남녀 간의 신체 접촉을 금지하였다. 특히 여성의 수치심을 자극하여 남성과 접촉하지 못하도록 교육하였다. 여성은 아파도 남자 의원醫員에게 몸을 보이려 하지 않았다. 심지어 앓다가 그대로 죽는 경우도 있었다. 여성이 정절과 수절을 목숨보다 더 소중히 여겼던 시대였기 때문이다. 이에 따라 여성 환자를 보살피고 치료할 의녀가 필요하였다.

우리나라 의약의 역사는 수천 년에 걸쳐 발전해왔지만 고려시대까지는 문헌에 여의女醫나 의녀에 대한 내용이 보이지 않는다. 그러나 조선시대에 들어오면 여의, 의녀 등의 용어와 의녀의 양성에 관한 기록이 나타난다. 신통력이나 자연력을 매개로, 혹은 체험과 경험을 통해 얻은 민간요법으로 병을 치료한 여성들도 있었지만, 여성의 질병 치료를 위해 국가 차원에서 교육을 통해 의녀를 배출한 것은 조선시대부터라고 할 수 있다.

조선시대의 의녀는 체계적이고 전문적인 교육을 받은 여성들이었다. 그러나 양인良人과 천인賤人, 양반과 상놈의 신분적 차이가 있던 시대에 의녀는 천인 출신인데다, 높은 신분의 사람들을 시중드는 여성이라는 이유로 양반들로부터 차별을 받았다. 능력보다 신분을 우선하고, 일하는 여성보다 규방 여성을 더 존중하고, 여성보다 남성을 우대하던 당대의 가치관 때문이었다. 하지만 의녀는 그러한 차별을 받으면서도 생명을 살리는 일에 앞장섰다. 출신 탓에 본업 외에도 기녀나 수사관 등의 역할 또한 감내해야 했지만 직업인으로서 사회 활동을 하였고, 그렇게 얻은 수입으로 가족을 부양했다. 여성의 사회 활동이 천시되었던 조선시대에 자기 분야에서 최선을 다한 의녀는 당대의 최고 전문직 여성이었다고 할 수 있다.

먼저 조선시대에 의녀가 어떤 배경과 목적으로 탄생했으며, 어느 기관에 소속되어 무엇을 공부하며 어떻게 전문화되었는지, 의녀의 구체적인 역할과 활동은 무엇이었는지 살펴보려 한다. 그리고 나라에서는 의녀를 어떻게 대우했는지, 또 당대의 이름난 의녀로는 누가 있었는지, 의녀는 의료 외에 어떤 일들에 동원되었는지도 함께 살피며 의녀의 세계로 들어가 보자.

2012년 10월

청파언덕에서

한희숙

1

의녀의 탄생 배경

부인들은 남자 의원에게 진찰받을 때 수치스러워하며 자신의 몸을 보이기 싫어했다. 부인병의 경우처럼 은밀한 곳을 의원에게 보여야 할 때도 있었는데 진맥을 할 때조차도 살을 드러내려 하지 않았으니, 은밀한 부위를 노출하는 것은 두말할 필요 없이 수치로 여겼다. 고려 사회에서는 남자 의원이 여성을 치료하는 일이 별문제가 아니었는데, 조선 사회에서는 새로운 문제로 제기되었고 국가에서도 이를 방치할 수 없었다. 이를 해결하기 위해 새로 여성 의료인을 양성할 필요가 생겼다.

남녀가 유별한 시대

조선을 건국한 정치 세력은 성리학을 이데올로기로 하는 유학자들이었다. 이들은 불교를 숭상하던 고려왕조를 무너뜨리고 새로운 지배 사상으로 성리학을 받아들였다. 조선 건국 세력은 고려 말 자유분방한 여성들의 모습을 풍기문란이라고 생각하였다. 그들은 성리학에서 요구하는 정숙한 여성을 이상적인 여성으로 생각하였다. 충忠과 효孝, 열烈을 강조한 성리학자들은 남녀유별의 도道를 실천하기 위해 여성의 바깥출입을 금지하였다. 그리고 수절守節을 부부간의 의義를 실천하는 잣대로 규정하고 임금에 대한 충, 부모에 대한 효와 동등하게 인식하였다. 안과 밖, 여자와 남자의 활동 공간을 엄격히 구분하여 남녀가 서로 접촉하는 것을 금지하는 내외법을 통해 여성이 절개를 잃지 않도록 하였다. 이렇게 사대부들은 여성이 정숙하고 조신해야 한다고 주장하며 이를 위한 제도적 장치를 마련하였다.

조선이 건국한 1392년에 대사헌大司憲, 정사를 논하고 백관百官을 감찰하며 기강을 확립하던 사헌부의 수장 남재南在, 1351~1419는 다음과 같은 상소를 올려 여성의 외출을 억제토록 하였다.

고려조 말에 풍속이 무너져 사대부가의 아내가 권문세가의 장례에 직접 참석하고도 부끄럽게 여기지 않아 지식인들이 수치스럽게 생각하였습니다. 앞으로는 문무 양반의 부녀는 부모, 친형제, 친자매, 친숙부, 친외숙, 친이모 등을 제외하고는 서로 왕래하지 못하게 하여 풍속을 바로잡으소서.[1]

남재는 사대부가 부녀의 자유로운 출입을 규제하고 여성이 대면할 수 있는 남성의 범주를 극도로 제한하려고 하였다.

당시 여성들은 사찰에 자주 갔는데 이도 금하려 하였다. 태종 4년1404 12월, 사간원司諫院, 조선시대에 임금에게 옳지 못하거나 잘못된 것을 간하던 관아에서는 부녀자의 사찰 출입을 금지해서 풍속을 바르게 해야 한다고 주장하였다.

부녀자의 도리는 단정하고 정숙하여 스스로 정절을 지키는 것을 주로 삼습니다. 그런 까닭으로 국가에서 법령을 엄히 세워 부녀자가 절에 가는 것을 금하는 법을 엄격하게 시행하여 풍속과 교화를 밝게 하였습니다. 근래에 명령이 해이해져서 부녀자가 절에 가는 것이 끊이지 않으니 공공연히 음행淫行, 음란한 행실을 저지르고 절개를 잃는 것이 여기서 비롯됩니다. 담당 관서로 하여금 부녀자가 절에 가는 것은 부모를 추모하는 법회를 막론하고 일절 금하여 풍속을 바르게 하소서.[2]

부녀자의 사찰 출입을 금지한 것은 조선이 내세운 억불숭유抑佛崇儒 정책 때문이라고 생각할 수도 있지만, 부녀자가 절에 왕래하다가 혹시라도 절개를 잃을까 염려하여 이를 방지하려 한 것이 그보다 큰 이유였다. 절은 생활공간과 멀리 떨어진 산속에 있었고 그곳엔 승려를 비롯해 남자들이 드나들었기 때문이다.

세종 13년1431에 대사헌 신개申槩, 1374~1446 등 여러 사람들은 부인들이 가끔 성대하게 열리는 국가 행사를 구경하러 집 밖에 나오는 것도 금지하려 하였다.

> 예禮에 부인은 낮에 뜰을 거닐어도 안 되고 이유 없이 중문을 나가서도 안 된다고 하였습니다. 그럼에도 부녀자들이 고려의 잘못된 풍속을 그대로 좇아 성대한 행사가 있을 때마다 거리낌 없이 구경하니 차마 입에 담기 부끄럽습니다. 바라건대 이제부터는 부녀자가 구경하는 것을 일절 금지하여 잘못된 풍속을 개혁하고 부녀자의 도를 바르게 하십시오.[3]

부인의 외출을 금지한 것은 유교 이데올로기를 강화하기 위해서였다. 여성의 출입을 통제함으로써 도덕적인 문제가 발생하는 것을 미연에 방지하려 했던 것이다. 남녀를 내외하게 했다지만 사실은 남성이 여성을 접촉하지 못하도록 한 것이 아니라 여성이 남성을 접촉하지 못하도록 한 것이었다. 남성이 여성을 접하는 것은 권리일 수 있지만 여성이 남성을 접하는 것은 수치이자 범죄였다.

이와 같이 여성이 쉽게 외출하지 못하게 하고 남편 외의 남자를 만나는 것도 금지한 내외법은 의료에도 적용되었다. 부인들은 남자 의원醫員에게 진찰받을 때 수치스러워하며 자신의 몸을 보이기 싫어했다. 부인병의 경우처럼 은밀한 곳을 의원에게 보여야 할 때도 있었는데 진맥을 할 때조차도 살을 드러내려 하지 않았으니, 은밀한 부위를 노출하는 것은 두말할 필요 없이 수치로 여겼다. 역사 드라마나 영화에서는 종종 남자 의원이 여성을 진맥할 때 장막을 치거나 발을 내리고 여성은 문 사이로 손목만 내미는 장면을 볼 수 있다. 심지어 살에 손이 닿지 않도록 팔목 위에 엷은 명주 수건을 덮고 진맥하거나 팔목에 실을 매어 문밖에서 맥을 짚기도 한다. 이러한 방법으로 얼마나 정확하게 진찰을 할 수 있었을까. 그러나 이것은 시대적 요구였다.

고려 사회에서는 남자 의원이 여성을 치료하는 일이 별문제가 아니었는데, 조선 사회에서는 새로운 문제로 제기되었고 국가에서도 이를 방치할 수 없었다. 이를 해결하기 위해 새로 여성 의료인을 양성할 필요가 생겼다.

의녀 제도의 설치 과정

조선 건국 후 14년이 지난 태종 6년1406 3월에 처음으로 의녀에 대한 논의가 이루어졌다. 이날 제생원濟生院, 조선시대에 약재를 실어 바치는 일을 맡았던 관아의 지사知事로 있던 허도許衜는 다음과 같은 상소를 올렸다.

> 부인이 병이 있는데 남자 의원에게 진맥하여 치료하게 하면 혹 부끄러움을 머금고 나와 그 병을 보여주길 좋아하지 않아 죽음에 이르게 됩니다. 바라건대 창고倉庫나 궁사宮司, 관아의 어린 여자아이 열 명을 골라 맥박과 침, 뜸의 법을 가르쳐서 이들로 하여금 치료하게 하면 전하의 생명을 아끼는 덕에 보탬이 될 것입니다.[4]

이는 어쩌면 국가 정책 면에서 여성을 남성과 격리하기 위해 내세운 변명일지도 모른다. 그러나 이런 논의를 통해 마침내 여성 직업인으로서 의녀가 탄생하게 되었다. 이제까지 없었던 의녀 제도를 신설해 의녀 양성을 시작한 것이다.

여성들은 1차적으로 여성에게 진료를 받게 되었다(물론 여의치 않은 경우에는 남자 의원에게 진찰을 받을 수밖에 없었다). 의녀는 여성을 진찰하고 치료하기 위해 의술을 배워 익혔고 그 후에는 필요한 의료기관에 파견되었다.[5]

이후 태종 18년1418 6월, 제생원에서 의녀 다섯 명으로는 부인병을 치료하는 데 한계가 있다며 다시 의녀를 뽑아줄 것을 요청했다.

> 의녀를 더 두었다. 제생원에서 올린 문서에 의하여 예조禮曹에서 상소하기를, "의녀는 모두 일곱 명인데, 재주와 기예를 이룬 자는 다섯 명이므로, 여러 곳에 나누어 보내면 매번 부족합니다. 바라건대, 각사各司, 각 관아의 여종의 딸 가운데 열세 살 이하인 자 열 명을 더 정하는 것이 어떠하겠습니까?" 하니, 그대로 따랐다.[6]

태종 대에 의녀로 양성하기 위해 뽑은 열 명의 여자아이 중에서 의녀로 성장한 사람은 일곱 명이었다. 그중에서도 제대로 의녀 노릇을 할 수 있는 자는 다섯 명뿐이었다. 의녀 자격을 얻기가 쉽지 않았다. 오늘날과 마찬가지로 탈락자도 많이 생겨났다. 겨우 다섯 명만으로 여성의 질병을 진찰하고 치료하는 것은 불가능했다. 특수한 계층의 여성, 즉 궁궐 안의 여성만 대상으로 한다 해도 손이 모자랐을 것이다. 태종은 다시 열세 살 이하의 여종 중에서 열 명의 의녀 후보생을 뽑도록 했다. 조기교육을 했다고 볼 수 있지만 열세 살 이하라는 조건으로 보아 결혼하지 않은 여성을 대상으로 한 것이었다.

세종 대에 들면서 남녀유별은 더욱 심화되었다. 세종은 조선시대 최고의 성군聖君으로 역대 가장 훌륭한 왕으로 받들어지고 있지만 여성에 대한 통제를 심화한 왕이기도 하다. 집현전을 설치해 유교 윤리를 다룬 서적의 편찬과 보급에 힘썼고, 『삼강행실도三綱行實圖』를 편찬하여 여성의 정절을 더욱 강조하였다.

태종에게 의녀 양성을 제안했던 허도는 세종 5년1423 11월에 다시 세종에게 부인병의 치료를 위해 여의女醫를 양성할 필요가 있다고 건의하였다.

『예기禮記』에 '사람이 태어나서 일곱 살이 되면, 남녀가 자리를 같이하지 아니하며, 먹는 것을 같이하지 않는다' 하였으니, 이것은 성인聖人이 남녀의 분별을 삼가도록 하려는 것입니다. 그러나 사람은 이미 기질로 구성되어 있은즉, 질병이 없을 수 없으니 그 위급할 때를 당하면 비록 종실의 처자處子라 할지라도 의원을 구하여 치료하지 않는 사람이 없어, 남자 의원으로 하여금 살을 주무르게 하니, 남녀의 분별을 삼가는 뜻에 어긋납니다. 혹은 진찰해 보이는 것을 부끄럽게 여겨 끝내 질병을 다스리지 못하고서 요절하는 자도 있으니 신은 아침저녁으로 깊이 걱정하는 바입니다.

태종조에 여의를 둘 것을 청하여 즉시 서울에 있는 의료기관에 명하시어, 각 기관의 어린 여종을 선택해서 의술을 가르치게 하셨는데 전하께옵서 그 인원수를 늘리시고 무겁게 교훈을 하시니, 이로 말미암아 존귀한 집만이 아니라, 선비나 서인庶人의 집 여자까지도 서울에 있는 병자는 모두 치료를 받았습니다. 그러나 외방外方, 서울 외의 지방의 부녀자들은 그 어지신 은택을 입지 못하고 있으니, 어찌 정치 교화상의 흠이 아니겠습니까.

원컨대, 외방 각도의 계수관界首官, 고려·조선 초기 지방의 중심이 되던 큰 고을의 벼슬아치의 관아 여종 중에 영리한 여자아이를 택하여 서울로 보내어 침술과 뜸, 약 조제하는 법을 가르쳐서 의술을 익숙히 익힌 자는 도로 그 관으로 돌려보내면, 그 지역 부녀자의 병을 고칠 수 있을 것입니다.[7]

조선시대 여의는 남자 의원에 대비되는 여자 의원이 아니라 단순히 의녀를 지칭하는 또하나의 이름이었다.

허도는 지방 여성들을 위한 의녀를 양성해서 서울뿐만 아니라 지방의 부녀자도 치료 혜택을 받게끔 하자고 건의하였다. 이에 세종은 충청도와 경상도, 전라도부터 시행하라고 하였다.

피교육자는 너무 어려도 안 되고 나이가 많아도 안 된다. 가장 적당한 대상은 어린아이이다. 지금도 일고여덟 살에 초등교육을 시작한다. 지금처럼 어린 여자아이 중에서 총명한 아이들을 가려 교육했다. 그러나 세종 5년1423 12월 4일, 허도는 충청도, 경상도, 전라도 계수관의 관비 중에서 열 살 이상 열다섯 살 이하의 영리한 여자아이 두 명씩을 선택해 외방의 의녀로 키우자고 하였다. 나이대를 구체적으로 제시하여 지방에서 서울로 차출되는 경우에는 조금 더 성숙한 아이들로 올려 보내게 하였다. 이들은 의녀 교육을 받는 동안 객지 생활을 해야 했기 때문에 너무 어려도 곤란하였다.

이리하여 열 살을 전후한 여자아이들을 대상으로 의녀 교육이 시작되었다. 의녀 제도는 여성의 질병 치료의 편이성을 위해 시행되었지만 의녀가 여성만 돌본 것은 아니었다. 의녀는 남녀노소 가리지 않고 돌보아야 했다. 의녀에게는 남녀유별의 내외법이 적용되지 않았다.

의녀가 소속된 의료기관

요즘은 대도시는 말할 것도 없고 조그마한 시골에도 병원이나 의원이 많아 환자들이 선택해서 갈 수 있다. 그러나 조선시대에는 왕족이나 지위가 높은 관리들은 비교적 제때 의원의 진찰을 받을 수 있었지만, 일반 백성들은 병이 나도 웬만해서는 의료 혜택을 받을 수 없었다. 평생 의원 한 번 못 보고 죽는 경우도 많았다. 무당을 불러 굿을 하거나 민간요법을 이용하여 치료하는 것이 보통이었다.

조선시대의 의료기관으로는 내의원內醫院, 전의감典醫監, 혜민서惠民署, 활인서活人署 등이 있었다. 내의원은 왕실에 필요한 약의 조제와 왕실 사람들의 치료를 위해 두었고, 전의감은 궁궐 내에서 쓸 의약과 특정 관료의 치료를 맡았다. 혜민서는 일반 백성의 진료를 위해 설치했고, 활인서는 병자나 굶는 사람들을 보호하고 치료하기 위하여 운영하였다. 의녀는 교육을 받고 어느 정도 의술을 갖추면 이러한 의료기관에 배치되어 활동하였다.

의녀는 소속기관에 따라 크게 혜민서 의녀와 내의원 의녀로 구분된다. 혜민서는 궐 밖에 위치하기 때문에 궐 안의 내의원, 즉 내의사內醫司와 구분하여 외의사外醫司라 불렀다. 내의원 소속 의녀를 내의녀內醫女라 하였고, 혜민서 소속 의녀는 외사의녀外司醫女 혹은 외의녀外醫女라고 하였다. 혜민서가 백성들을 대상으로 한 의료기관인 데 반해 내의원은 왕을 비롯한 왕실 가족을 위한 최고의 의료기관이었으므로 당연히 혜민서 의녀보다 내의녀의 실력이 훨씬 뛰어났다. 내의녀가 혜민서 의녀보다 더 높은 대우를 받은 것도 당연했다.

조선 최고의 의료기관 내의원

조선 최고의 의료기관인 내의원은 정3품 아문衙門, 관원들이 정무를 보는 곳을 통틀어 이르는 말으로 흔히 약방藥房, 약원藥院, 내국內局이라 불렀다. 궁궐 내 약재가 쌓여 있는 곳이라는 뜻에서 그렇게 부른 것이다. 내의원은 왕의 약을 제조하는 임무를 수행하는 곳으로 국왕, 왕실 가족, 고위 관료의 건강을 돌보고, 질병을 치료하였다. 왕의 건강을 늘 점검하기 위해 왕이 정사를 보는 곳 가까이에 있어야 했기 때문에 내의원은 궁궐 안에 위치했다. 최고 통치자의 건강은 매우 중요하다. 왕이 아파서 정사를 돌보지 못하는 상황이나 왕의 유고有故 시를 생각해보면 더욱 그렇다. 왕이 안정적으로 정사를 돌볼 수 있도록 그의 건강을 지키는 임무는 막중하다. 그래서 국가 최고의 의료기관을 만들고, 최상의 약재와 의료진을 곁에 두어 최고의 의

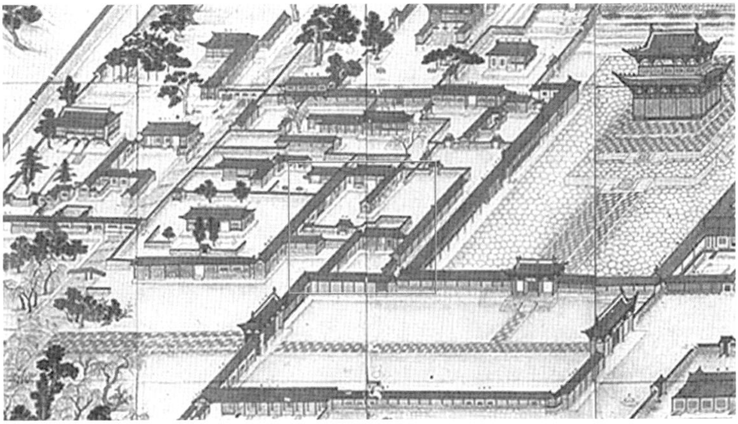

〈동궐도〉 중 내의원 부분, 고려대학교 박물관 소장

료 혜택을 누리도록 했다.

어의御醫는 오늘날 대통령 주치의에 해당한다. 어의는 임금이나 왕비, 왕자 등을 보살피는 의원으로, 침이나 뜸, 약 조제 등에 특기를 가진 어의가 여러 명 있었다.

내의원에 소속된 내의녀들은 왕뿐만 아니라 궁궐 여성을 대상으로 의료 활동을 하였다. 궁중 여성은 왕의 할머니인 대왕대비, 선왕先王의 부인인 왕대비, 또는 왕의 어머니인 대비, 왕의 부인인 왕비, 세자의 부인인 세자빈, 그리고 후궁, 공주, 옹주, 궁녀 등 다양하였다. 이 가운데 왕의 가족인 왕실 여성이 내의녀가 힘써 돌보고 치료해야 할 대상이었다.

조선시대 500년 동안 내의원에 소속된 구성원은 그 수가 일정하지는 않았다. 조선 후기에 편찬된 『육전조례六典條例』 「예전禮典」 내의원 조를 보면, 내의원의 원장과 부원장이라 할 수 있는 도제조都提調, 제조提調, 부제조副提調는 각 한 명씩 모두 세 명이었다. 그 밖에 내의원에는 행정 업무를 보는 관원이 정正, 첨정僉正 등을 비롯해 약 열 명, 진료를 전문으로 하는 의관이 정원이 없는 당상관을 비롯해 침의鍼醫, 의약동참醫藥同參 등 마흔 여덟 명 이상이었으며, 최고위급 의원인 어의의 수도 정원에 구애되지 않았다. 이 외에 문서의 작성과 약재를 관리하는 이서吏胥 스물다섯 명, 대청지기 두 명, 사환 업무를 담당하는 노비 열일곱 명, 내의원을 지키는 군사 두 명, 물 긷는 여공女工 두 명, 어린 사내종인 동변군사童便軍士 세 명, 그리고 의녀가 스물두 명으로 모두 140명 정도로 구성되었다.

이렇게 의원과 약을 갖추고 있었지만 내의원에서 직접 진료가 이루어지지는 않았다. 왕이나 왕실 여성의 진료는 그들이 거처하는 곳에서 이루어졌다. 이들이 아프면 내의원에서는 의원을 파견하고 약재를 제공했다. 의원이 왕진을 간 것이다. 요즘은 환자가 통원 치료를 받거나 입원을 하는 것이 일반적이지만 조선시대에는 의원들의 왕진이 관행이었다. 내의원도 예외가 아니었다.[8] 환자인 왕이나 대신이 의원을 찾아간 것이 아니라 그들의 가족이 부르면 의원이 환자를 찾아갔다. 왕의 침소인 강녕전康寧殿이나 왕비의 생활공간인 교태전交泰殿, 대신의 집 등을 찾아간 것이다. 이것은 신분상의 차이 때문이었다. 의원은 중인으로서 양반보다 신분이 낮았기 때문에 이들이 부르면 가야만 했다.

내의원의 의원은 내의, 침의, 의약동참 등 셋을 포괄하는데, 이는 약과 침에 걸쳐 관과 민간을 통틀어 최고의 의원을 확보하기 위한 것이었다. 내의는 주로 내과 치료를 전담했으며 탕약을 의술의 수단으로 썼다. 침의는 여러 종류의 침을 수단으로 내외과 질환 모두에 관여했다. 종기를 째는 외과적 처치도 침의의 영역에 속했다. 등급을 따진다면 침은 매우 우수한 치료 수단이었지만 침을 전문으로 하는 침의는 탕약을 전문으로 하는 내의보다 한 등급 아래였다. 침의는 고대부터 존재해왔지만 조선에서는 세종 대부터 본격적인 침과 뜸 전문의를 양성하기 시작했다. 의약동참은 의술만 좋으면 임명될 수 있었는데 임금에게 약을 진상하는 일을 맡아보았다. 어의는 이 세 종의 의원 가운데 치료 성적이 가장 좋은 의원을 뜻하며, 이들 가운데 으뜸을 수의首醫라 불렀다. 품계는 대략 정3품이었다.

왕에게 병의 징후가 나타날 때 내의원은 비상 체제로 돌입한다. 왕의 병을 진찰하는 입진入診은 매우 중요해서 세 명의 제조와 의관이 같이 궁에 들어가 임금을 뵈었다. 제조가 증상을 물은 다음 의관이 들어와 진료했으며, 약을 쓸 때에도 세 명의 제조, 어의, 의약동참이 함께 의논한 후 처방을 결정했다. 약을 짓고 달일 때에는 물론 침이나 뜸을 놓을 때에도 제조와 어의가 전 과정을 매우 세심하게 감독했다.[9]

어의는 왕의 병을 치료하면 후하게 상을 받았지만 왕이 죽거나 의료사고가 날 경우에는 처벌을 받았다. 임금이 죽으면 의원이 제대로 보살피지 못해서 그런 것이라 하여 어의 중 누군가가 일단 책임을 지고 귀양을 가는

허준, 『동의보감』, 국립민속박물관 소장

경우가 많았다. 선조가 죽었을 때는 당시 수의였던 허준許浚, 1539~1615이 책임을 지고 의주 귀양길에 올랐다. 하지만 특별한 경우가 아니면 관례로 대개 몇 개월 있다가 돌아오곤 했다. 그러나 경우에 따라서는 사형을 당하기도 했으니, 효종이 죽었을 때 어의 신가귀申可貴, ?~1659가 교형絞刑에 처해졌다.[10] 그리고 정조가 죽었을 때는 어의 강명길康命吉, 1737~1800이 유배형에 처해졌으나 유배처로 가기 전에 죽었다. 이것은 왕의 질병 정도와 의원의 관리가 어떠했는가에 따라 다를 수밖에 없었다. 의원이 처벌받을 때는 그들을 도왔던 의녀도 함께 벌을 받았다.

내의녀는 내의원의 의관에게 교육을 받았다. 내의녀의 교육에 관해 『대전속록大典續錄』 「예전禮典」에는 "나이가 적고 총민하여 학습을 할 수 있는 의녀를 간택하여 교관敎官에게 나눠주어 날마다 글을 가르친다. 매 계절에 본조와 제조가 한데 모여서 한 가지 책마다 세 곳을 강문講問하고 연말에 성적의 분수分數를 글로 아뢰어 그중 10분分 이상의 우등한 성적을 낸 의녀에게는 서울이나 지방 중에서 자원에 따라 봉족奉足, 조선시대에 평민이나 천민이 출역할 경우 역사에 나가지 아니한 사람 한두 명을 보내어 집안일을 도와주던 일 한 명을 더 주며, 혹은 물품을 상으로 준다. 성적이 3분 이하인 자는 가동家僮, 집의 하인을 가두거나 매를 친다. 그 학습의 잘하고 못한 것은 교관의 근무 성적을 매길 때에 참고한다"[11]고 하여 내의녀 교육에 힘쓴 것을 볼 수 있다.

내의녀는 의녀 가운데서도 특별히 실력이 뛰어나고 품행이 단정하여 내의원에 배정된 자들이었다. 이들은 왕과 왕비, 후궁의 건강을 책임졌기 때문에 권세도 높았을 것으로 생각된다.

서민을 위한 의료기관 혜민서

혜민서는 종6품 아문으로 본래 혜민국이라 불렸는데, 의약을 전매專賣하고 서민의 질병을 치료하기 위해 설치한 기관이었다. 혜민서는 의약과 서민의 질병을 구료求療, 병자를 구원하여 치료함하는 일을 맡았다.

하지만 혜민서의 주요 업무는 대민 의료가 아니라 전의감과 함께 하는 각종 공무적인 의료 활동이었다. 외국 사신의 수행이나 각종 공무에 구료 인력을, 지방에 심약審藥, 궁중에 바치는 약재를 검사하기 위해 각 도에 파견하던 벼슬아치을, 여러 기관에 설치된 약방에 의원을, 역병이 돌았을 때 구료 인력을, 활인서에 의원을, 감옥에 월령의月令醫, 전의감이나 혜민서에서 파견하던 의원를 파견하는 일과 의학 생도, 의녀의 교육 등이 혜민서의 영역이었다.

혜민서에서 의녀 교육을 담당했던 모습은 성종 대 인물 성현成俔이 지은 『용재총화慵齋叢話』에도 잘 나타나 있다.

조정에서 각사 각관各官의 나이 어린 계집종을 뽑아서 혜민서에 속하게 하고 의서를 가르쳐 여의라 이름하고, 이들로써 부인의 병을 고쳤다.[12]

송사문宋斯文은 용모가 못생기고 행동거지가 거칠고 옹졸하며 긴 수염이 더부룩하였고 눈이 어둡고 사팔뜨기였다. 과거에 급제한 뒤부터 장년長年에 이르는 동안 외방교수外方敎授로 있다가 교체되어 혜민서 교수가 되어, 오로지 의녀를 가르치는 데 힘썼다. 의녀는 각사에서 나이 어린 계집종을 뽑아서 쓰는데, 단정하고 교태 있는 계집종들이 다투어 와서 글을 배울 때면, 송사문의 모습은 마치 늙은 곰이 꽃 수풀 속에 꿇어앉은 것 같았다. 장악원掌樂院 옆에 살았는데, 나날이 왕래하면서 동료들을 만나게 되어, "어디를 가느냐"고 물으면 송사문이 소리를 높여 읊기를,

사는 곳은 장악원에 이웃해 있고	居隣掌樂院
직무는 혜민서를 맡았도다	職帶惠民署
아침부터 화류지에 있으면서	朝從花柳地
또다시 화류를 향하여 가도다	又向花柳去

하여 듣는 사람이 이가 시리도록 웃었다.[13]

늙은 송사문이 어린 계집종들에게 의녀 교육을 하는 모습을 다른 사람들

은 부러운 시선으로 바라보기도 한 것 같다.

전의감과 업무가 많이 중복되었던 혜민서는 인조 대에 잠시 전의감과 합쳐졌다가,[14] 고종 대에 완전히 폐지, 전의감에 흡수되었다.[15]

혜민서의 연혁, 직무, 운영방식 등을 수록한 『혜국지惠局志』에는 혜민서의 전체 규모와 그에 소속된 각 건물, 출입문, 연못, 화장실까지 상세히 기록되어 있다. 『혜국지』를 통해 의녀들이 머무는 곳인 의녀청이 따로 설치되어 있었음을 확인할 수 있다.[16]

굶주린 사람과 전염병 환자의 수용기관, 활인서

세조 12년1466 동서활인원東西活人院을 통합하여 개칭된 활인서는 종6품 아문으로 글자 그대로 도성 안의 굶주린 사람을 살려내고, 전염병 환자를 구료하는 기관이었다. 활인서는 엄밀히 말해 내의원, 전의감, 혜민서처럼 온전한 의료기관이라기보다는 보건시설이라 할 수 있다. 지금으로 보자면 지방에 설치되어 있는 보건소 같은 것이다. 의관은

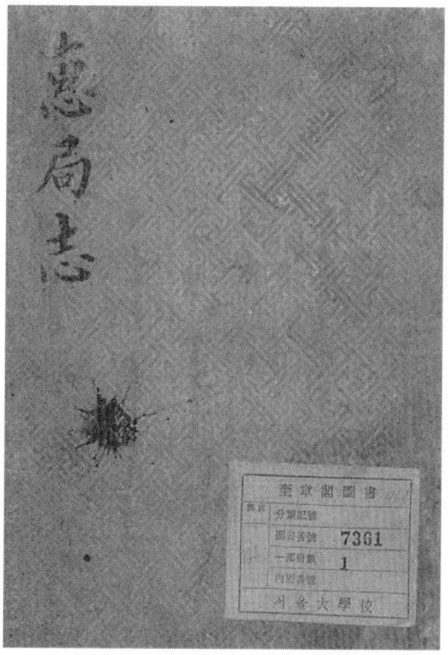

『혜국지』, 서울대학교 규장각 소장

혜민서에서 파견한 의원 두 명뿐이었다. 이들은 늘 격무에 시달렸는데 흉년이 들거나 전염병이 유행할 경우에는 더욱 그러했다.

조선 태조 원년1392에 고려 때의 동서대비원東西大悲院을 그대로 계승, 설치하여 가난한 사람들의 의료와 의식衣食을 맡도록 하였다. 대비大悲, 관세음보살의 불교 이념 대신에 활인의 유교 이념을 내세운 기관이었다. 이는 태종 14년1414에 동활인원과 서활인원으로 나뉘었다가[17] 세조 12년1466 관제개혁 때 활인서로 개칭되었다.[18] 그러나 동활인원은 동소문 밖에, 서활인원은 서소문 밖에 설치되어 있었기 때문에 활인서로 개칭된 이후에도 그대로 동서로 나뉘어 있었다. 활인서는 조선 후기에 이르러 그 활동이 축소되어 숙종 35년1709에는 혜민서로 이속되고 관원도 줄었다. 그리고 고종 19년1882에 혜민서와 함께 혁파되어 전의감에 소속되었다. 이후 고종 22년1885에 광혜원廣惠院이 설치되었다.[19]

활인서는 일반 의료 활동 이외에 무의탁 환자를 수용하였다. 또한 한성부와 함께 도성 안의 전염병 환자를 관리했는데, 이때 진료에 필요한 약물을 전의감과 혜민서에서 보급받았다. 이와 함께 병막病幕이라는 움막을 지어 전염병 환자를 격리 수용하기도 했다. 간이 병동을 만들어 몰려드는 환자를 치료한 것이다. 병막에서 환자를 간호하고 음식과 의복, 약 등을 배급하였으며 사망자가 있을 때에는 매장까지 하였다. 일반 백성이 가장 많이 몰려들고 이용한 곳이 활인서였다.

조선 전기에는 무당을 등록해 활인서별로 나누어 소속시켰다. 동서활인

Transaction of the Korea Branch of the Royal Asiatic Society, 1902에 수록된 〈한성부지도〉 | 지도에서 동그라미로 표시된 부분이 활인서, 전의감, 혜민서의 위치다(위에서 아래로).

서에서는 무당을 의원과 비슷하게 취급했는데, 이는 당시 백성이 무속을 깊이 믿었고 무당이 치료 능력을 갖고 있다고 생각했기 때문이다.

활인서에는 제도적으로 의녀가 소속되어 있지 않았지만, 전염병이 돌거나 여성 환자가 많이 늘어났을 경우에는 파견되기도 했을 것으로 짐작된다.

조선시대 의과 제도와 의원

조선시대에는 개인 의원醫院의 의사는 면허가 필요 없었다. 면허제가 있는 오늘날과 달리 조선시대에는 뜻있는 사람이라면 누구나 스스로 의원이 될 수 있었다. 일반 개업의는 대체로 대를 이어 가업을 이어갔다. 그러나 관청에 소속된 의원이 되려면 시험을 봐야 했는데 이를 의과醫科라 했다. 의과는 잡과雜科에 속했다.

조선시대 과거는 문과와 무과 그리고 잡과가 있었다. 문과는 문신을, 무과는 무신을 배출하는 시험이다. 이 둘을 합하여 양과兩科라 하였고, 그 출신자가 양반이었다. 이중에서도 문과를 더 우대하였다. 잡과는 역과譯科, 율과律科, 산과算科, 음양과陰陽科, 의과 등으로 다양하였다. 잡과라는 용어는 기본이 되지 못하고 잡스럽다는 의미를 지닌다. 이는 조선시대 의원의 사회적 위상이 어땠는지를 단적으로 보여준다. 지금은 의사가 최고 전문직 가운데 하나이지만 조선시대에는 그 위상이 지금과는 크게 달랐던 것이다. 잡과 출신자는 양반이 못 되고 중인 신분으로 지위가 낮았다.

그러나 예나 지금이나 의술을 익히는 것은 쉬운 일이 아니었다. 공부를 많이 해야 했다. 의학은 사람의 목숨과 직결되는 분야인 만큼 그 중요성은 동서고금이 다를 바 없다. 오늘날 의사가 되기 위해서는 일정한 교육을 받고 국가에서 인정하는 의과 시험에 합격해야 하듯이, 조선시대에도 의원이 되기 위해서는 의학 생도가 되어 일정한 교육을 받고 의과나 의학 취재取才에 합격해야 했다.

그러나 의녀는 교육만 받았을 뿐 엄격한 시험을 거치지는 않았다. 의원에 비해 공신력과 전문성이 상대적으로 떨어졌다고 볼 수 있다. 조선시대 남자 의원도 사회적 지위가 낮았으니 남녀 차별이 심했던 이 시대 의녀의 지위는 두말할 필요도 없을 것이다. 다른 분야도 마찬가지지만 의학 분야에서 남녀 차별과 주종 관계는 매우 심했던 것이다. 더욱이 의녀들의 출신이 종이었다는 태생적 한계는 그들의 지위를 더욱 낮게 만들었다.

왜 관아의 여종을 의녀로 만들었을까?

의녀는 조선시대의 최하위 계층인 관비, 즉 관아의 여종 출신이었다. 당시의 관비는 국가 재산으로 마치 물건처럼 취급되었다. 남녀의 자유로운 접촉을 금지한 당시의 이데올로기는 의녀의 선발 과정에도 적용되었다. 양갓집 여자가 외부 남성과 자유롭게 접촉할 수 있는 의녀가 된다는 것은 거의 불가능한 일이었다. 사대부가 여성은 문밖 활동이 거의 금지된, 집안의 보호 대상이었다. 반면 노비와 같은 천인은 남녀가 서로 섞여 일을 하였다. 그러므로 의녀는 모두 남녀유별, 내외법 등의 이데올로기에 구애되지 않는 존재인 여종으로 충당되었다. 능력이나 자질보다 신분이 먼저 고려된 셈이다.

관아의 여종은 국가 소유이기 때문에 능력이 있다고 판단되면 필요한 만큼 선발할 수 있었다. 이들은 국가에서 지정하는 곳이면 어디에서든 일해야 했다.

종의 신분을 타고났어도 똘똘한 아이들이 있었다. 관아 여종의 경우, 어차피 관청에서 온갖 구박을 받으며 궂은일을 해야 했기 때문에 서울에 올라와 의술을 배우고 의녀로 생활하는 것이 종으로 사는 것보다 나았다. 나름대로 팔자를 고칠 수도 있었다. 잘하면 돈도 많이 벌고 아무나 들어갈 수 없는 궁궐에도 출입할 수 있었다. 더욱이 평민도 바라기 힘든, 임금과 왕실 식구를 만나는 영광을 얻기도 하였다.

조선 초에는 지방에서 서울로 올라오는 각 읍의 여종과 서울 내 창고나 궁궐 관아의 어린 여종들이 주로 의녀로 차출되었다. 조선 후기에는 이들 외에도 상의원尙衣院, 임금의 의복과 궁내의 일용품 등의 관리를 맡아보던 관아의 바느질하는 여종침선비針線婢, 상의원에 속하여 바느질을 맡아보던 여종의 딸이나 의녀의 딸, 그리고 각 관아의 구사丘史, 임금이 종친과

공신에게 구종驅從으로 준 관노비의 딸 등도 의녀로 차출되었다.

조선시대에는 종모법從母法이라 하여 양인인 아버지와 천인인 어머니 사이에 태어난 자식은 어머니의 신분을 따랐다. 어머니가 여종이면 자식도 노비가 되었다. 그러면 관비의 딸인 의녀의 신분도 세습되었을까? 대답은 '아니다'이다. 종모법에 따른다면 자식도 의녀가 되어야 하지만 의녀는 기술을 요하는 전문직이었던 만큼 의녀의 딸이라고 하여 반드시 의녀로 차출되지는 않았다. 숫자도 제한되어 총명한 아이만 뽑혀 어머니의 업을 계승할 수 있었고, 나머지는 종이 될 수밖에 없었다. 어머니의 뒤를 이어 의녀가 될 수 있느냐 없느냐는 오직 재능에 달려 있었다. 의녀인 어머니가 서울에 올라와도 그 딸은 어머니의 고향으로 돌아가 노비의 역役을 지기도 했다.

사람은 보고 들으며 기술을 익힌다. 또 가정은 배움의 출발점이다. 따라서 의녀의 딸 중에는 자연스럽게 보고 들으며 어머니로부터 의술을 익힌 경우도 있었을 것이다. 영조 23년 1747에 의녀 소생과 침선비 소생을 의녀로 차출한 것을 보면 의녀의 기술이 부분적이나마 세습되었음을 알 수 있다.

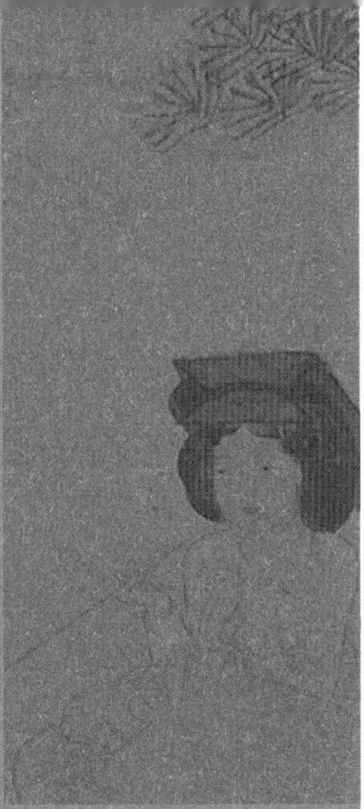

2

의녀가 되기까지

간병의가 되면 말 그대로 간병을 통해 의원을 보조하고 병에 대해 익혔다. 간병의 기간은 따로 정해져 있지 않았다. 특정 분야의 의술을 빨리 익혀 뛰어난 실력을 보이면 내의녀로 발탁되고, 그러지 못하면 마흔 살이 될 때까지 간병의로 남아야 했다. 그리고 마흔 살이 지났는데도 전문 분야가 없으면 원래의 역인 관비 신세로 돌아가야 했다. 간병의 중에서 성적이 뛰어난 사람을 매달 네 명씩 뽑아 그들에게만 급료를 주었다. 잘하는 사람에게 일종의 인센티브를 준 것이다.

의녀의 교육 과정

의녀는 어떤 교육 과정을 거쳤을까? 의녀 교육은 어디에서 담당했을까?

의료 교육기관인 혜민서가 서울에 있었기 때문에 초기에는 지방 관아 여종의 딸을 불러올려 교육하였다. 교통이 무척 불편하고 먹을거리가 부족했던 조선시대에 어린 여종들이 서울에 올라와 의녀 교육을 받는 것은 매우 힘든 일이었다. 시간이 지나면서 서울에 사는 의녀가 늘어나자 이들의 딸이나 상의원의 침선비, 구사의 딸을 교육하는 것이 시간 절약이라는 인식이 퍼졌다. 교육의 효과 또한 높일 수 있었기 때문에 그들 중 일부를 뽑아 교육하였다.

세종은 의녀 교육에 많은 관심을 가지고 있었다. 재위 4년1422 11월에 제생원 의녀 훈도관訓導官, 교육을 맡아보던 교관이 부지런한지 게으른지, 의녀가 학습을 잘했는지 못했는지를 예조와 승정원에서 늘 고찰하도록 명하였다. 그리고 재위 5년1423 3월 17일에는 제생원 의녀 중 나이 어리고 총명한 자 서너 명을 골라 특별 교육을 하여 글을 가르치거나, 전담 훈도관을 두어 의녀 교육에 더욱 힘쓰도록 하였다.

교지를 전하기를, "제생원의 의녀 중에서 나이 젊고 총명한 3, 4인을 뽑아서 교육을 더욱더 하여 문리文理를 통하게 하라"고 하였다. 이어 의영고義盈庫, 기름, 꿀, 후추 따위의 공급과 관리를 맡아보던 관아 부사副使 박연朴堧을 훈도관으로 삼아 전적으로 교육을 맡게 하라고 명하였다.[20]

또한 세종은 지방 의녀는 계수관의 여종 가운데서 선발토록 하였다. 외방의 의녀는 충청도와 경상도, 전라도의 계수관 관비 중 열 살에서 열다섯 살에 해당하는 총명한 여자아이 두 명씩을 선택하여 서울로 올려보내 제생원에서 그곳 의녀들과 함께 배우게 하였다.

예조에서 아뢰기를, "참찬參贊 벼슬로 치사致仕한 허도가 계청啓請한 외방의 의녀는, 먼저 충청·경상·전라도 계수관의 관아 여종 중에서 열다섯 살 이하 열 살 이상의 영리한 여자아이 각각 두 명을 선택하여 서울로 올려 보내는 기생의 예에 따라 봉족을 주어서, 제생원으로 보내 제생원 의녀와 함께 한곳에서 배우게 하고, 그 의술이 성취되기를 기다려서 도로 보내도록 하소서" 하니, 그대로 따랐다.[21]

여종들이 의료 처방을 공부하여 의술을 성취하기를 기다렸다가 다시 지방으로 내려보내 그 지역 부녀자의 질병을 치료하도록 하였다.

의녀 교육은 실제로 어떻게 실시되었을까? 의녀들은 주로 기초적이며 필수적인 의학 과목과 산부인과 등에 대해 배웠다. 예조에서는 먼저 의녀에게 책을 가르쳐 문자를 해득하게 한 후에 선발하도록 하였다. 이왕이면 글을 아는 의녀를 뽑아 올리도록 한 것이다.

> 예조에서 아뢰기를, "제생원의 의녀는 반드시 먼저 글을 읽게 하여, 글자를 안 연후에 의학서를 읽어 익히도록 하고 있으니, 지방에서 선발하여 올려 보내려는 의녀도 지금 거주하는 고을의 관원으로 하여금 먼저 『천자千字』『효경孝經』『정속편正俗篇』 등을 가르쳐서 문자를 대강 해득하게 한 뒤에 올려 보내도록 하게 하소서" 하였다.[22]

의녀들에게 『천자문』과 『효경』『정속편』 등을 읽고 깨우치게 했다. 이러한 조치를 내린 것은, 제생원에서 의술을 익히기 위해서는 글자를 알아야 했기 때문이기도 하지만 의료인으로서 인품과 인성을 갖추도록 하기 위해서였다.

문자를 해득하고 인성이 갖춰진 여자아이들에게 처음에 맥경脈經과 침구법鍼灸法을 가르쳤고, 뒤에 조제법을 추가로 가르쳤다. 세종 12년1430 12월부터는 매월 의녀에게 산서産書를 배우고 익히게 하는 등 시험 과목을 점차 추가하였다.[23] 의녀들에게 산서, 즉 여성들의 임신·출산과 관련된 의학 지식을 가르친 것은 출산 시 태아와 산모의 건강을 돌보는 일이 필요했기 때문이다. 그러나 의녀들이 배우는 의학은 그 범위가 넓은데다 어렵기까지 하여 기술을 잘 익히고 의술을 인정받기가 쉽지 않았다. 또한 당시 인원수에 비해 업무량이 많아서 학문에만 전념하기도 어려웠다.

세조 6년1460에 제생원이 혜민국에 병합되면서[24] 이후 의녀 교육은 혜민국에서 담당하였다. 세조 9년1463 5월, 예조에서 의녀의 교육을 장려하기 위해 '권징조건勸懲條件', 즉 의녀를 학업 성적에 따라 포상하고 징계하는 조건을 처음으로 마련하여 구체화했다.

> "의녀는 혜민국 제조가 매월 독서한 것과 일찍이 독서한 바를 익혀 통通하고 불통不通한 것을 명부에 기록하고 매월 획수가 많은 자 세 명을 일일이 베껴 써서 아뢰어 월료月料, 월급로 주되, 그중에 세 번 불통한 자는 혜민국 다모茶母로 정하였다가 3략略 이상을 채우면 다시 의녀의 일에 근무하도록 하소서" 하니, 그대로 따랐다.[25]

교육의 효과는 재능에 따라 달리 나타난다. 의녀에게는 고강考講, 성적을 살펴서 등수를 매기는 일에 따라 획수가 많은 자 세 명에게 월급을 주고, 세 달 이내에 세 번 불통을 맞은 자는 혜민국의 다모로 정한다는 것이다. 다모는 '차어미'로 심부름 등 시중드는 여성을 말한다. 요즘으로 치면 공부를 못하는 낙제생에 대한 벌칙으로 볼 수 있겠다.

시험관이 성적을 매길 때 사용한 강경패, 고려대학교 박물관 소장

조선시대 교육기관에서는 학생들의 성적을 대략 대통大通, 약통略通, 조통粗通, 불통不通 등 네 등급으로 매겼다. 대통은 '크게 통달했다'는 의미로 오늘날의 수나 A학점에 해당되고, 약통은 '대략은 알고 있다'는 의미로 우나 미, B학점에 해당된다. 조통은 '수준이 조악하다'는 의미로 조금 모자란다는 뜻이다. 오늘날의 양이나 C, D학점에 해당된다. 불통은 '수준 이하', 즉 낙제라는 말이다. 오늘날의 가나 F학점에 해당된다.

의녀의 성적도 대략 네 등급으로 나누어 매겨 성적이 좋은 의녀는 포상을 하고, 좋지 못한 의녀는 징계를 했던 것이다. 요즘의 교육과 마찬가지로 성적에 따라 상과 벌을 주는 방법을 제시하였다.

성종 9년1478 2월에는 의녀들의 학업을 향상시키기 위해 '권과조목勸課

條目'을 다시 마련하였다. 세조 대보다 의녀의 공부를 더욱더 강화하기 위해 조항을 마련한 것이다. 의녀 공부는 더 힘들어지고 경쟁도 더 치열해질 수밖에 없었다. 예조에서 아뢴 '의녀권과조목'에는 다음과 같은 내용이 보인다.

1. 예문관원藝文館員 및 명망 있는 문신 두 명이 교수를 겸해서 번갈아 가르친다.

1. 의녀가 읽을 서책은 『인재직지맥仁齋直指脈』『동인침혈침구경銅人鍼穴鍼灸經』『가감십삼방加減十三方』『태평혜민화제국방太平惠民和劑局方』『부인문산서婦人門産書』로 한다.

1. 의녀를 3등으로 나누되, 첫째는 내의라 하여 두 명을 두고 달마다 급료給料하며, 둘째 간병의看病醫라 하여 스무 명을 두고 전달에 강講한 점수가 많은 자 네 명에게 급료하며, 셋째 초학의初學醫라 한다.

1. 제조가 매월 상순에 강서講書하고, 중순에 진맥診脈, 명약命藥하고, 하순에 침을 놓거나 뜸을 뜰 자리에 먹으로 점을 찍는 일을 하며, 연말에 의사醫司의 제조가 방서方書, 진맥, 명약, 점혈을 강하여 1년 동안 강에서 받은 점수를 통산하여 올리고 내린다. 그중에서 불통이 많은 자는 봉족을 빼앗되, 첫해에는 한 명을 빼앗고, 다음 해에는 두 명을 빼앗고, 3년째에는 본래의 역으로 돌려보낸다.

1. 초학의는 간병에 배정하지 말고, 학업에 전념하게 한다.

1. 나이가 만 마흔 살이 되었는데 한 방면도 통하지 못하고 다른 기술도 없는 자는 본래의 역으로 돌려보낸다.

1. 매년 각사의 여종 한 명을 간택해서 수를 채운다.[26]

'의녀권과조목'에는 의녀가 읽어야 할 책의 종류, 의녀의 등급, 시험 성적에 따라 달라지는 처우 등의 내용이 포함되어 있다. 이 조항을 보면 학업 성적이 일정한 수준에 미치지 못하고 다른 기술이 없는 경우에는 의녀가 되기 전의 천역賤役, 즉 관아의 종으로 돌아가야 했다.

관아의 여종 중에는 총명한 자도 있었을 테지만, 우둔하여 의술을 배웠다 하더라도 그 기술에 정통하지 못한 자들도 많았다. 이에 성종은 그 대상을 바꿔보려고도 하였다.

승정원에 전교하기를, "최근에 의원이나 의녀로서 의술에 정통한 사람이 매우 적으니, 10여 세의 여자들을 택하여 먼저 사서四書를 읽힌 다음 의술을 가르치게 하는 것이 어떻겠는가? 또 2품 이상의 첩의 아들은 의사醫司에 소속하는 법이 있으나, 그 나머지 첩의 아들은 학문이 있어도 소속하지 못하게 되어 있으니 찾아내서 기록하여 아뢰도록 하라. 또 조신曺伸, 이인석李仁錫 같은 사람도 의사에 소속시키는 것이 어떻겠는가?" 하니, 도승지都承旨 권건權健, 1458~1501 등이 아뢰기를, "조신 등은 2품의 첩의 아들이 아니어서 법과는 서로 어그러집니다. 그러나 특별히 명하신다면 어찌 불가

할 것이 있겠습니까? 여의에게 글을 읽히는 일은 시험 삼아 하게 해도 무방할 것입니다" 하자, 열두세 살의 여자들을 택해서 기록하여 아뢰도록 명하였다.[27]

성종은 첩의 자식과 열두세 살의 여자를 택하여 의녀를 양성할 것을 승정원에 전교하였다. 이때 여아가 배워야 할 책의 수준은 이전보다 높아져서 먼저 사서를 읽혔다. 사서는 『대학』『중용』『논어』『맹자』를 말하는 것으로, 이것은 양반이 되기 위해 과거 시험을 준비하는 유생儒生들이 공부해야 하는 기본 서적이었다. 즉 『천자문』이나 『효경』『정속편』에 비해 그 내용이 훨씬 많고 복잡하며 어려웠다. 이것이 잘 이루어졌는지는 의문이지만 일단 의녀들에게 상당한 수준의 고등지식을 요구했으며, 또 유학적인 소양을 더 갖추도록 한 것이다.

중종도 의녀의 교육에 큰 관심을 가져 "의녀로 말하면 부인의 병을 진맥하고 약을 가르쳐주므로 그 임무도 중요하니 정밀하게 가르쳐야 하는데, 정밀하게 가르치려면 반드시 기술에 정통한 사람이 마음을 다해 가르쳐야 기술에 정통한 자가 있게 될 것"[28]이라며 예조로 하여금 가르치고 장려하는 방도를 마련하게 했다. 이뿐 아니라 각 관아의 여종 한 명씩을 뽑아 의녀의 수를 보충하고, 각 고을 관아의 나이 어린 여종을 뽑아 서울로 보내 의학 교육을 받도록 했다. 의녀 중에서 어리고 가르칠 만한 자를 선택하여 교수와 훈도로 하여금 엄하게 교육하게 했고 그중 뛰어난 자는 내의원에 소속시켰다. 그리고 특별히 내의원 관원 중 의술에 정통한 자를 정하여 지도하게 했다. 사회적으로 의녀가 더욱 많이 요구된데다 수련 도중 탈락하는 자가 상당수 생겼기 때문이다.

의녀가 전문화되는 과정

조선시대 의녀가 훈련을 받아 전문화되는 과정은 시기에 따라 조금씩 달랐지만 대략 초학의, 간병의, 내의녀의 3단계로 나뉜다.

첫 단계는 초학의라 하여 오직 학업에만 전념한다. 어린 여종이 지방에서 뽑혀 서울에 올라오면 초학의가 된다. 기초적인 공부를 하는 시기로 대략 3년이 걸린다. 의녀들은 이 3년 동안 『천자문』 『효경』 『정속편』뿐만 아니라 사서 등을 읽고 익혔다. 이 기간에는 아직 의녀라고 할 수 없다. 이런 책으로 글을 깨우치고 윤리 도덕을 파악하였다. 그런 뒤 앞서 '의녀권과조목'에서 봤듯이 『인재직지맥』 『동인침혈침

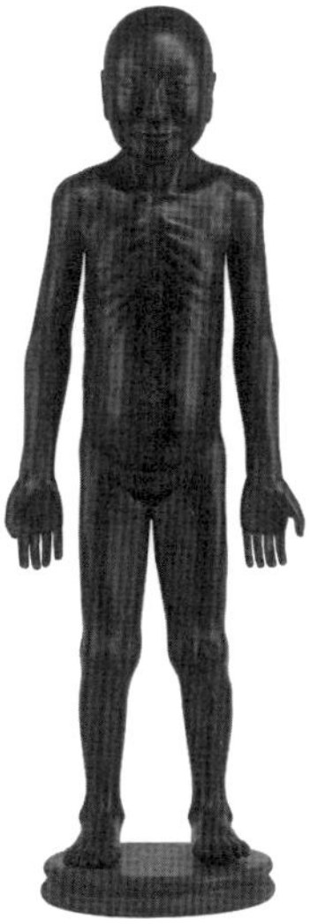

침금동상(鍼金銅像), 국립고궁박물관 소장

구경』『가감십삼방』『태평혜민화제국방』『부인문산서』 등의 의학 서적과 산서를 배웠다.

초학의 때는 기초 과목을 배웠다. 제조가 매달 상순에는 주로 산부인과의 방서方書를 강독했고, 중순에는 '직지맥', '찬도맥纂圖脈' 같은 진맥법과 '가감십삼방', '화제방' 같은 약의 제조법을 가르쳤다. 하순에는 '동인경銅人經' 등의 침구법을 교육했다.

이렇게 배운 후 연말에는 제조가 처방서와 진맥, 명약, 점혈 등을 총체적으로 강의한 후 1년 동안 강의에서 받은 점수를 계산하여 성적을 매기고, 앞서 살펴보았듯이 이에 따라 적절한 조치를 하였다.

초학의 다음은 간병의다. 간병의가 되면 말 그대로 간병을 통해 의원을 보조하고 병에 대해 익혔다. 간병의 기간은 따로 정해져 있지 않았다. 특정 분야의 의술을 빨리 익혀 뛰어난 실력을 보이면 내의녀로 발탁되고, 그러지 못하면 마흔 살이 될 때까지 간병의로 남아야 했다. 그리고 마흔 살이 지났는데도 전문 분야가 없으면 원래의 역인 관비 신세로 돌아가야 했다. 간병의 중에서 성적이 뛰어난 사람을 매달 네 명씩 뽑아 그들에게만 급료를 주었다. 잘하는 사람에게 일종의 인센티브를 준 것이다.

간병의 기간을 거치며 뛰어난 실력을 보이면 내의녀가 되었다. 내의녀는 간병의 중에서 두 명을 선택하여 임명하였다. 내의녀가 되어야 비로소 월급이 나왔다. 토지를 받지는 못했지만 계절에 따라 한 번씩 녹봉을 받을 수 있는 체아직遞兒職, 정해진 녹봉이 없이 계절마다 근무 성적을 평가받아 녹봉을 받던 관직이었다. 미약하나마 관직에 오르는 것과 같아지는 셈이었다.

조선시대에는 이와 같이 의녀 교육을 3단계로 나누어 실시함으로써 전문성을 강화해나갔다. 무능한 자는 탈락시키는 한편 잘하는 사람에게는 장려금을 주어 보상해주었다. 의녀들 사이에서도 경쟁은 치열해져갔다.

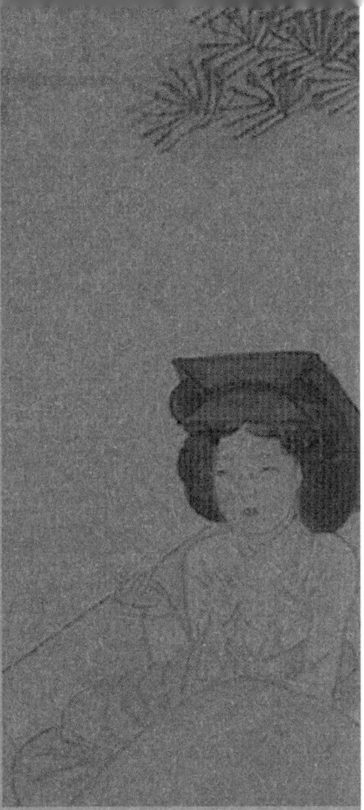

3

의녀의 역할과 활동

산실청은 왕비의 출산을 위해 때에 맞춰 임시적으로 마련되는 산실로서 의관과 의녀가 배치되어 해산을 도왔다. 의녀는 분만에 직접 참여하여 산파 노릇을 하였다. 왕비나 세자빈이 아이를 낳을 때에는 산실청을 설치하고, 출산을 도운 경험이 있고 전문성을 갖추었으며 의술이 뛰어난 내의원 어의녀를 산실청 의녀로 뽑았다. 또한 후궁의 출산을 위해서는 호산청을 설치하였다. 이때도 역시 의녀가 참여하였다.

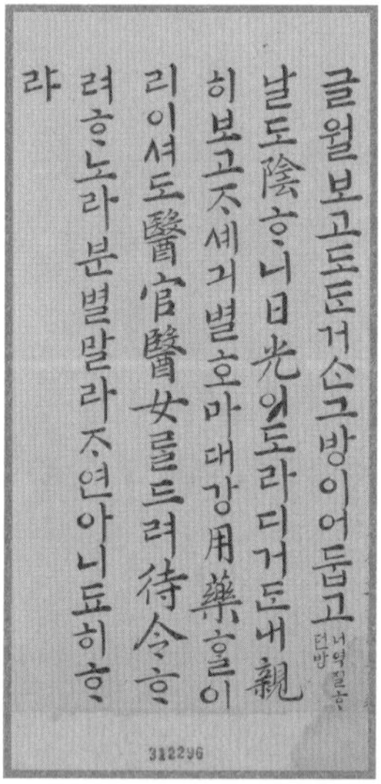

글월보고도든거슨그방이어둡고 너역질ᄒᆞ던방
날도陰ᄒᆞ니日光이업도라디거든내親
히보고ᄌᆞ세거별호마대강用藥ᄒᆞᆯ이
리이셔도醫官醫女를드려待令ᄒᆞ
려ᄒᆞ노라 분별말라ᄌᆞ연아니됴히ᄒᆞ
라

의녀의 전문 분야

의녀의 의술은 크게 진맥, 침과 뜸, 약으로 나뉜다. 대체로 전문성에 따라 맥의녀, 침의녀, 약의녀로 구분할 수 있다. 요즘은 한의사가 진맥도 하고, 침도 놓고, 약도 지어주는 등 모든 것을 다 한다. 이른바 종합 시스템이다. 그러나 조선시대에는 그렇지 않았다. 물론 의녀라면 이 세 가지 일 모두에 어느 정도 지식을 가지고 있어야 했다. 맥의녀도 침의녀처럼 침을 놓았다. 또 침의녀라 하더라도 진맥에 능한 의녀는 맥의녀로도 활동하였다. 맥을 짚는 것과 침놓는 것은 의녀의 기본 임무였다. 그러나 나름의 전문성을 중심으로 맥의녀, 침의녀 등으로 구분하였다.

맥의녀는 이름 그대로 환자의 맥을 짚는 것을 전문으로 하는 의녀이다. 의녀는 여성들의 맥을 짚고 진찰하는 일을 하였다. 진맥은 의학 지식과 기술 면에서 가장 기초적인 것이었다. 의녀의 가장 일반적이고도 전문적인 일이었던 것이다.

일반적으로 진찰에는 눈으로 환자의 얼굴빛, 살빛 등을 살펴보는 망진望診, 환자와 문답을 통해 진단에 도움을 얻는 문진問診, 환자의 목소리나

기침의 상태를 듣고 증세를 파악하는 문진聞診, 환자의 몸을 만져보고 증상을 살피는 절진切診 등이 있다. 이 가운데 불가피하게 여성과 신체 접촉을 해야 하는 망진과 절진은 의녀가 할 수밖에 없었다. 따라서 의녀는 주로 절진의 한 방법인 문진問診을 통해 진찰을 했으며, 이와 함께 망진의 한 방법인 찰색察色, 얼굴의 혈색을 보아 병을 진찰하는 일을 통해 좀더 정확히 진찰하려고 노력하였다. 그리고 환자의 맥박 수를 헤아려 건강 상태를 진단하는 진맥을 하였다. 의녀는 진맥에서 전문가였다.

『조선왕조실록』에는 의녀가 진맥하는 사례가 많이 나온다. 그 가운데 인조 대와 현종 대에 의녀가 왕비와 대비를 진맥하는 기사를 보자.

> 이해 8월에 임금이 어의 최득룡崔得龍 등을 불러다 하교하기를, "내전이 지난해부터 병을 얻어서 오랫동안 낫지 않으니 약 처방을 의논하여 아뢰라" 하였다. 이에 약방 도제조 김류金瑬, 제조 김육金堉 등이 의녀 연생連生 등을 들여보내 진맥을 한 다음에 약 처방을 의논할 것을 청하였는데, 임금이 허락하였다.[29]

> 임금이 이르기를, "지난해 가을 무렵부터 자전慈殿, 왕의 어머니, 대비의 맥박이 잠깐 멈추는 때가 있었는데 의녀가 말하기를 '이런 증세가 앞으로 계속되면 반드시 걱정스러운 일이 있게 될 것이다' 하였다. 지금 맥박이 뛰었다 안 뛰었다 하는 것이 당초부터 좌관맥左關脈, 왼쪽 손목의 동맥이 지나는 부분

에서 우관맥右關脈에 이르기까지 촌맥寸脈, 집게손가락과 넷째 손가락을 손목의 동맥에 대고 맥을 짚어볼 때 넷째 손가락이 닿는 부위인 촌부寸部에서 느껴지는 맥의 부위를 재거나 척맥尺脈, 노뼈의 끝 부분에 있는 노동맥의 맥박으로 약손가락으로 짚이는 맥의 부위를 재거나 모두 그러하다" 하였다. 이필 등이 아뢰기를, "이것은 곧 중기中氣, 비위의 기가 크게 허해서 빚어진 결과입니다" 하였다.[30]

의녀가 진맥을 하여 증세에 대해 알려주면 이를 통해 약방제조들은 환자의 상태를 파악하고 약을 처방하였다.

침의녀는 이름 그대로 침술을 전문으로 하는 의녀다. 이들은 침의針醫에게서 교육을 받았다. 침술은 굵고 긴 침 또는 가는 침으로 여러 강도로 자극을 주어 기를 통하게 하는 치료법이다. 혈자리를 찾아 그곳에 침을 놓아야 하기 때문에 진맥보다 피부 접촉이 더 많이 이루어진다. 맥의녀보다 침의녀의 수가 더 많았는데, 진맥이 몸의 상태를 파악하는 단계라면 침술은 환자를 치료하는 수단이었기 때문이다. 요즈음 같으면 연고를 바르거나 약을 먹는 부스럼에도 당시에는 침을 놓았다.

대왕대비전이 부스럼 병을 앓았으므로 조정의 2품 이상의 관원들이 문안하였다. 의녀가 들어가 진찰하고 나서 침을 맞았다.[31]

진맥과 마찬가지로, 손목이나 발목 등 옷 바깥으로 드러나는 부위에는

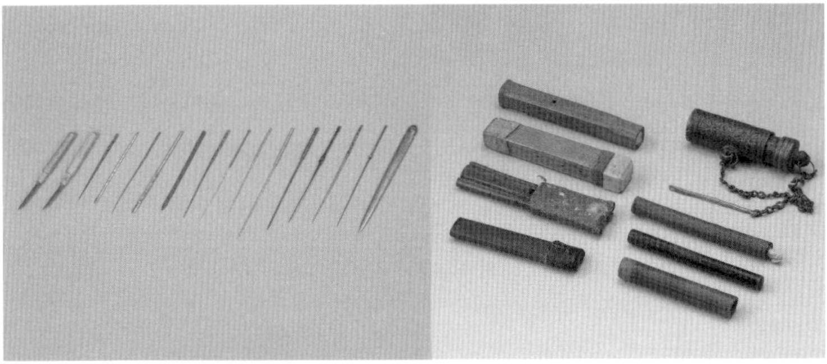
조선시대의 침과 침통, 가천박물관 소장

남자 의원도 침을 놓을 수 있었지만 옷으로 가려진 곳에는 의녀가 침을 놓았다. 위험한 병일 경우 의관이 바깥에서 의녀에게 침놓을 자리를 말해주기도 하였다.

의녀 가운데 침술이 뛰어난 자는 치종청治腫廳에 소속되어 종기를 치료하였다. 침의녀는 종기를 살핀 후 침으로 종기를 터뜨려 고름을 빼내고 약을 발라 다스렸다. 종기뿐만 아니라 다리 통증 등 여러 가지 병에 침을 놓았다. 숙종 24년1698에 빈궁嬪宮, 왕세자의 아내이 다리 통증을 호소하자 의녀가 들어가 상세히 증후를 살핀 후에 침을 놓았다. 그 과정을 보면, 먼저 의녀가 빈궁의 맥을 짚어보고 의관에게 아뢰면 의관이 침과 약을 결정하고, 침의와 어의가 침을 놓을 혈자리를 결정하면 이에 따라 의녀가 침을 놓았다. 의녀가 스스로 독단적으로 결정하지 못하고 대부분 남자 의관의 지시를 따라야 했다는 점이 그들의 신분적 한계와 정체성을 말해준다.

일반적으로 나이 든 여성에게 많이 일어나는 다리 통증에 침을 놓을 때는 의녀들로 하여금 시술하게 했다. 영조 8년1732에는 대왕대비가 팔다리가 아파서 의녀가 침을 놓았다. 또 영조 12년1736에는 대왕대비가 눈병이 나자 의녀 송월이 침을 놓았다. 이와 같이 의녀는 왕실 여성들을 가까이에서 모시며 온갖 병에 침을 놓았다. 침술은 진맥보다 우대를 받았다. 더 전문적인 의학 지식과 기술이 필요했고, 치료의 효과가 직접 나타나기 때문이었다.

의녀는 침뿐만 아니라 뜸도 놓았다. 약과 침의 효과가 없을 때는 대체로 뜸을 뜬다. 말리고 비벼서 뜸용으로 사용하는 쑥을 약쑥이라 하며, 뜸쑥을 만들어 살 위에 올려놓고 피부를 태우는 치료법을 구치灸治라 한다.

중국 명나라 때 편찬된 『침구대성鍼灸大成』에서는 침과 약으로 효과가 없을 때는 반드시 뜸을 떠 치료하라 하였고, 옛말에도 '일구이침삼복약一灸二針三服藥'이라 하여 뜸 치료가 제일이라 하였다. 뜸을 의미하는 한자 '灸'는 '久'와 '火'를 합한 글자로 오래도록 불을 때야 한다는 뜻이다. 불을 때어 기를 통하게 함으로써 고질병을 치료하고자 한 것이다.

현종 13년1672 2월 왕대비의 머리에 독한 종기가 나서, 삼경三更, 밤 11시에서 새벽 1시 사이에 약방 도제조 허적許積 이하를 불러들였다. 그리고 사경四更, 새벽 1시에서 3시 사이에 종기가 난 곳에 뜸을 떴다고 했는데 뜸을 뜬 자는 의녀라고 볼 수 있다.

이외에 약을 조제하는 일을 보조하고 수행하는 약의녀가 있었다. 약의녀는 약의藥醫에게서 교육을 받았다. 약의녀는 약에 대한 지식이 해박한 의녀로 환자의 건강 상태를 보고 이에 따른 약의 조제를 돕고 시중에 힘썼다.

약방에서 아뢰기를, "삼가 들으니 자성慈聖, 왕의 어머니께서 병환이 있다 하므로 의녀로 하여금 들어가 진찰하고 약을 의논하도록 청하였으나 자전께서는 이를 허락하지 아니합니다" 하였다.[32]

중궁전中宮殿이 이어소移御所, 임금이나 왕비가 임시로 옮겨 거처하던 이궁離宮 또는 사가私家에 있으면서 몸이 편안하지 않았다. 초저녁에 약방에서 문안하고 의녀로 하여금 들어가 진찰하게 하여 약을 의논하기를 청하였다. 그러나 왕에게 미처 아뢰지 않았다 하여 허락하지 않았다. 다시 아뢰었으나 끝내 허락하지 않았다.[33]

왕실 여성들의 몸이 불편할 때 약방에서는 의녀를 보내 건강 상태를 살피고 몸에 필요한 약을 의논하게 하였다.

약을 짓는 일은 환자를 직접 대하는 진맥이나 침구와 마찬가지로 병의 증상을 보고 듣고 진찰한 결과에 따라 이루어진다. 그런데 약의녀는 직접 약을 짓지는 않았다. 의녀가 환자의 증상에 대해 의원에게 보고하면 의원이 약을 지어주었다. 의녀에게는 약의 조제에 대한 결정권이 없었다. 의녀는 의원이 처방한 약을 정성껏 달여 환자에게 올렸다. 중종은 1530년 6월

대비가 많이 아팠을 때 의원과 의녀로 하여금 늘 곁에서 약시중을 들게 하였다.

의녀의 역할은 의원을 보조하는 것이었지만 맥의녀, 침의녀, 약의녀 등으로 나름 전문적으로 구분되어 있었고, 활동의 폭도 넓었다. 그리고 의술을 겸하여 그 경계를 넘나들기도 하였다.

특별 시설에 파견된 의녀

궁궐에서 의녀는 그때그때 임시로 설치되는 특설 의료관청, 즉 해산을 담당하는 산실청産室廳과 호산청護産廳, 시약을 담당하는 시약청侍藥廳, 종기를 담당하는 치종청 등에 파견되기도 하였다. 물론 내의녀 가운데 가장 우수한 의녀가 선발되었다.

산실청, 호산청에 파견된 의녀

산실청은 왕비의 출산을 위해 때에 맞춰 임시적으로 마련되는 산실로서 의관과 의녀가 배치되어 해산을 도왔다. 의녀는 분만에 직접 참여하여 산파 노릇을 하였다. 왕비나 세자빈이 아이를 낳을 때에는 산실청을 설치하고, 출산을 도운 경험이 있고 전문성을 갖추었으며 의술이 뛰어난 내의원 어의녀를 산실청 의녀로 뽑았다. 또한 후궁의 출산을 위해서는 호산청을

산실청 편액, 국립고궁박물관 소장 | "산실을 두어 산모와 아이의 건강을 돕는다(産室具奉安)"라고 썼다.

설치하였다. 이때도 역시 의녀가 참여하였다.

궁궐에서 아이를 낳을 수 있는 여성은 왕비나 왕의 후궁, 세자빈이나 세자의 후실 등이었다. 역대 왕들은 왕비뿐만 아니라 많은 후궁을 거느렸기에 궁궐에서는 해산이 빈번히 이루어졌다. 의녀는 산모 곁에서 산모의 건강과 식사, 갓 태어난 아기의 건강과 수유 상태에 대해 자세히 살피고 의원에게 알리며 조치하였다.

궁궐에서 출산은 종묘사직을 굳건히 하는 매우 중요한 일이었다. 진맥이나 침, 뜸보다 출산을 도운 경험이 많은 자를 택하여 분만을 담당하게 한 것은 그 때문이다.

조선 전기까지는 후궁들이 친정에 가서 아이를 낳았지만 산모와 아이가 위험에 처하거나 심지어 죽는 경우가 늘어나자 점차 궁 안에서 출산을 하게 되었다. 숙종 대 희빈 장씨가 후에 경종이 되는 아들을 출산할 때 그의 친정어머니가 딸의 산후 조리를 위해 8인용 옥교屋轎, 덮개가 있는 가마를 타고 당당하게 궁중에 들어오자, 지평持平 이익수李益壽가 그 무엄함을 규탄하며 옥교를 불태워버리고 옥교를 메고 온 종까지 잡아다가 죄를 준 일화는 유명하다.

후궁이 친정에서 출산하는 경우에는 의녀를 보내주기도 했다. 중종 9년1514 10월에 숙의淑儀 나씨가 출산이 임박했으나 거의 죽을 지경으로 위급하여 궁궐을 나가 친정에서 해산했는데 결국 산모와 태아 모두 죽었다. 이에 사람들은 "해산할 수 있었다면 생기生氣가 없지는 않았을 것이니, 내보내지 않았더라면 모자母子를 보전할 수 있었는데 밖으로 내보내 이런 사고가 생겼다"며 불쌍하게 여겼다.[34] 사헌부에서는 의녀에게 형률에 따라 죄를 주도록 하고 아울러 시녀도 죄를 다스려야 한다고 하였다. 사간원에서도 숙의 나씨를 치료한 의관과 시종을 엄하게 벌줄 것을 아뢰었다. 그러나 중종은 반대하였다.

> 전교하기를, "나 숙의는 구제할 수 있는 것을 밖으로 내보낸 것이 아니다. 궁궐에 있을 때 이미 숨이 끊어졌던 것인데 이튿날 다시 소생했다고 떠들게 된 것은 태아에게 생기가 있었던 것이 의심을 사서 잘못 전해졌던 것이다. 출산을 도운 의녀는 마음을 다하여 구하려 하지 않은 것이 아니므로 참작해서 죄를 감한 것뿐이다. 의녀뿐 아니라 또한 시비도 있었으니, 어찌

힘을 다하여 구하려고 하지 않았겠는가? 죽고 사는 것은 명이 있으니 어떻게 할 수가 있겠는가? (…) " 하였다.[35]

숙의 나씨는 출산으로 인해 죽었다. 조선시대에는 최고의 의료진을 갖춘 궁궐의 왕실 여성이라 해도 아이를 낳다가 죽는 경우가 많았다. 단종의 어머니도 단종을 낳은 후 산후열로 죽었고, 인종의 어머니도 산후열로 죽었다. 이외에도 다수의 후궁들이 아이를 낳다가 죽었다. 산모와 태아가 함께 죽는 경우도 많았다. 숙의 나씨는 출산에 임박해 친정에 갔으나 이미 몸이 너무 쇠약해진 상태라 결국 죽었다. 중종은 나씨의 죽음을 예상이라도 했듯이 그녀의 죽음은 운명이지 의녀 탓이 아니라고 하였다.

궁궐은 신성한 공간이자 산 사람들의 공간이었다. 궁궐에서 죽을 수 있는 사람은 왕과 그의 가족뿐이었다. 후궁뿐만 아니라 궁녀도 죽을 징조가 보이면 궁 밖 친정이나 사가로 보내 임종하게 하였다. 그러나 미처 궁 밖으로 나가지 못하고 갑작스럽게 죽음을 맞이할 때는 어쩔 수 없었다.

공주나 옹주가 출산할 때에도 의녀를 보내주었다. 중종 39년1544 2월에는 효정옹주가 해산 후 병세가 위독해지자 즉시 의원과 의녀를 보내 진료하도록 했다. 그러나 옹주는 의원과 의녀가 도착하기도 전에 이미 숨을 거두었다. 산후에 건강 상태가 좋았고 식사도 보통 때와 같았는데 기침이 잦아지고 구토를 하므로 종친부宗親府, 역대 왕의 계보와 초상화를 보관하고 왕과 왕비의 의복을 관리하며 왕의 친척을 다스리던 관청의 약방을 불러 의녀 산비山非 등과 백방

왕실용 놋쇠 약연, 한독의약박물관 소장

으로 약을 쓰면서 구호했으나 얼마 안 되어 죽었다.[36]

산모나 아이가 죽으면 엄벌하기도 했지만 무사할 때는 해산을 도운 의관과 의녀에게 상을 내리기도 했다. 인조 4년1626 당상 의관, 즉 어의 세 명에게는 말을 지급하고, 의녀와 하인 들에게는 쌀과 면포를 주었다.[37] 궁중 여성의 해산과 관련한 책임은 의원이 졌고, 의녀는 산모 곁에서 분만을 도왔다.

시약청에 파견된 의녀

시약청은 왕의 약을 조제하는 기관으로 내의원에 있었다. 그러나 왕의 병세가 위급할 때도 임시로 설치하여 치료에 만전을 기하고 가까운 곳에서 호위하였다. 시약청은 또 왕실 사람들의 진료에서 의약을 관장하는 기관이기도 했다. 여기에 소속된 약의녀는 정성스레 탕약을 달여야 했다. 요즈음은 한약을 기계로 달여 대량으로 짜내지만 조선시대에는 한 첩씩 달여 먹고 재탕, 삼탕까지 했으며, 상태에 따라 하루 세 번을 달여 먹기도 하였다. 생각만큼 쉬운 일이 아니라 상당한 집중력과 노동력이 필요했다. 화롯불에 약탕기를 올려놓고 숯불을 피워가며 하루 종일 약을 달이고 짜는 모습을 상상해보라.

의녀는 환자의 상태에 따라 한약의 재료를 가감했다. 그래서 약재의 효능과 가짓수, 조제 분량에 대해서도 잘 알고 있어야 했다. 요즘도 병원에 가면 의사의 지시에 따라 간호사가 주사약을 준비하거나 복용약을 주는 것을 볼 수 있다. 조선시대 의녀도 의원을 시중하고 의원의 지시에 따라 약의 조제를 도왔다.

치종청에 파견된 의녀

의녀는 종기를 다스리는 기관인 치종청에도 파견되었다. 치종청은 왕실의 진료와 관계된 특설 치료기관으로 종기의 외과 치료를 전담했고 뒤에 전의감에 병합되었다. 종기는 매우 위험한 질병이었다. 조선왕조 27명의 왕 가운데 종기가 직접적인 원인이 되어 사망한 임금이 적어도 다섯 명에 이른다. 문종, 성종, 효종, 현종 그리고 정조다. 이외에도 태종, 세종, 세조, 중종, 숙종 등이 종기로 고생하였다. 조선시대에 종기는 흔한 질병 중 하나였다. 세균 감염으로 피부에 발생하는 종기는 지금은 외과 수술을 통해 초기에 절개하여 고름을 제거하거나 적당한 항생제를 사용하면 어려움 없이 치료되지만 당시에는 신체에 칼을 대는 것은 불효라 여겨 외과 수술은 하지 않았다. 침으로 곪은 종기를 터뜨리고 고름을 짜내 새살이 돋아나도록 했다. 사람들의 영양 상태나 위생 상태가 좋지 못하고 목욕문화가 발달하지 않았던 조선시대에 종기는 임금조차 목숨을 잃을 수 있는 매우 위험한 병이었다.[38] 당시 많은 사람들이 종기 때문에 죽었다. 이 가운데에는 악성 종양, 즉 암도 포함되어 있었을 것이다. 종기는 직접 환부를 만져야 치료가 가능했기 때문에 여성의 종기를 치료하는 데 의녀의 역할이 컸다.

종기는 치료 시기가 매우 중요하다. 처음 생겼을 때 바로 치료해야 한다. 퍼진 뒤에 치료하려고 하면 너무 늦다. 종기가 처음 생겼을 때 신중히 살피고 독기를 제거하면 깨끗이 치료할 수 있다. 왕실에서는 의서의 내용은 잘 몰라도 종기 치료를 잘하는 사람을 특별히 의원으로 채용하기도 했다.

종기 치료에 관해서는 『중종실록』에 비교적 자세한 기록이 보인다. 중종은 재위 28년1533 1월에 종기가 심하여 이에 대해 전교를 내렸다.

> 내의원 제조 등에게 전교하기를, "내 종기 증세는 당초 침으로 터뜨렸을 때 침 구멍이 넓지 않아서 나쁜 피가 다 빠지지 않고 여러 곳에서 고름이 나왔다. 그러나 멍울이 생긴 곳은 아직 곪지 않았으므로 요사이 태일고太一膏, 호박고琥珀膏, 구고고救苦膏를 계속 붙이자 멍울 섰던 곳에 고름이 다시 계

속 나오는 것이지, 다른 곳이 새로이 곪는 것은 아니다. 내의 등이 이렇게 된 까닭을 알지 못하여 오래도록 낫지 않는다고 의심할까봐 내가 말하는 것이다. 나쁜 피가 멍울이 된 곳은 쉽게 곪지 않을뿐더러 다시 침을 사용해 보았자 도움이 없을 것이니, 쉽게 삭는 약을 붙이는 것이 나을 것 같아 묻는다" 하니, 순손順孫과 박세거朴世擧 등이 의논하여 아뢰기를, "종기가 났던 곳은 이미 죽은 살이 되었으니 다시 응어리가 박힐 리는 없습니다. 아마도 진물이 다 빠지지 않아서 살갗이 두꺼운 곳에 군데군데 응어리진 것이 아닙니까? 의녀에게 진찰시켜 약을 쓰는 것이 어떻겠습니까?" 하니, 알았다고 전교하였다.[39]

중종이 종기에 각종 고약을 발랐고, 남자 의원뿐만 아니라 의녀도 종기를 다스렸음을 알 수 있다.

그런데 중종의 종기는 곧 재발했다. 중종 39년1544 2월 말에 약방제조 장순손과 김안로가 문안드리자 중종은 "다른 건강은 괜찮으나 요사이 진물이 가끔 나오고 묽은 물도 나온다. 전에 의녀가 묽은 물이 나온 연후에야 창구瘡口, 종기가 터져 생긴 구멍가 봉합된다고 하였으니, 묽은 물이 다 나오면 창구가 봉합될 것"이라며 걱정하면서도 희망을 내비쳤다. 그러나 안타깝게도 중종은 그해 11월 15일에 세상을 떠났다.

정조도 머리와 얼굴에 난 종기 때문에 고생하였다. 종기가 점차 심해지자 여름철이라 침과 뜸을 놓기 어렵다는 의원의 견해를 무시하고 혈자리를 정해 침을 놓도록 명했다. 정조는 당시 종기 치료제인 고약을 팔러 여염집을 돌아다니던 피재길皮載吉이 종기를 잘 고친다는 소문을 듣고 그를 불러오게 하여 웅담 고약을 만들어 붙이기도 했다. 그러나 결국 등에 난 커다란 종기 때문에 세상을 떠나고 말았다. 정조 24년1800, 종기 때문에 걱정하는 정조와 의원들의 대화를 들어보자.

임금이 이달 초열흘 전부터 종기가 나 붙이는 약을 계속 올렸으나 여러 날이 지나도 효과가 없으므로 내의원 제조 서용보徐龍輔를 편전으로 불러 접견하였다. 서용보가 안부를 묻자, 임금이 "밤이 되면 잠을 전혀 깊이 자지 못하는데 일전에 약을 붙인 자리가 지금 이미 고름이 터졌다" 하였다. 의관 백성일白成一, 정윤교鄭允僑 등을 불러들여 약을 붙였던 자리를 진찰하도록 명하고, 분부하기를, "어제에 비해 좀 어떤가?" 하였다. 정윤교가 아뢰기를, "독기는 어제보다 한층 더 줄어들었습니다" 하였다. 임금이 "무슨 약을 붙여야겠는가?" 하니, 정윤교가 "뿌리는 없지만 고름이 아직 다 나오지 않았습니다. 여지고荔枝膏가 고름을 빨아내는 데는 가장 좋습니다" 하였다. 임금이 "터진 곳이 작으니 다시 침으로 찢는 것이 어떻겠는가?" 하니, 정윤교가 "이미 고름이 터졌으므로 다시 침을 쓸 필요가 없습니다" 하였다. 임금이 "등 쪽에 또 종기 비슷한 것이 났는데 지금 거의 수십 일이 되었다. 그리고 옷이 닿는 곳이므로 삼독麻毒이 상당히 있을 것이다" 하였다. 이어 정윤교 등에게 진찰해보도록 명하고 분부하기를, "무슨 약을 붙이는 것이 좋겠으며 위치는 그리 위험한 곳이 아닌가?" 하니, 정윤교가 "위치는 위험한 데가 아니고 독도 없습니다만, 뿌리가 들어 있으니 고름이 생길 것 같습니다" 하고, 백성일은 "웅담고熊膽膏를 붙이는 것이 좋을 듯합니다" 하였다. 임금이 "웅담고도 효과가 없을 것 같다" 하니, 정윤교가 "수도황水桃黃은 독을 녹이는 약입니다" 하고, 임금이 "두통이 많이 있을 때 등 쪽에서도 열기가 많이 올라오니 이는 다 가슴의 화기 때문이다" 하였다.[40]

종기는 조선시대에 가장 위험한 질환 가운데 하나로 오랜 치료를 요하는 것이었다. 지금처럼 위생 환경이 좋지도 않았고 외과 수술도 발달하지 않은 시대여서 종기의 위험은 오늘날과 견줄 수 없을 정도였다. 특별한 치료법이 없어 고름을 입으로 빨아내 종기를 제거한 효자들의 이야기가 적지 않게 회자되던 그런 시대에 의녀는 종기를 치료하기 위해 치종청에 파견된 것이다.

의녀의 의료 활동—치료, 간호, 간병

의료인이었던 만큼 의녀가 의료 활동을 하는 것은 당연했다. 의료 활동은 진맥을 통한 진찰, 침, 뜸, 조산, 간호, 명약 등이다. 맥을 살피고, 침을 놓고, 뜸을 뜨고, 약을 짓고 달이는 일 등은 모두 치료라고 볼 수 있으나 오늘날 의료 활동과 비교해보면 오히려 간호, 간병에 더 가깝다.[41]

간호는 기본적인 의학 지식을 가지고 할 수 있는 광범위한 활동이다. 궁중 여성을 진찰하여 그 증상을 의관에게 전달하면 의관이 치료 방법을 정하여 치료를 마칠 때까지 시중드는 일은 간호 활동이라고 할 수 있다.

조선시대에는 간단한 치료와 침, 뜸 등의 간병에 종사하는 의녀가 많았다. 혜민국 의녀로 내의녀는 두 명뿐이었는데 간병의는 스무 명이나 되었다. 간병의는 초학의의 단계를 거친 자로서 매일 제생원에 나와 의서를 습독하며 병자를 치료하였다. 이 경우 의녀는 대개 의원을 보좌했다.

중종은 병치레를 자주 했다. 당시 왕실 가족의 간호 기록이 비교적 잘 남아 있다. 중종은 재위 27년1532 10월에 풍한증風寒證이 있는데다 오른쪽 겨드랑이 아래 종기가 나서 찌르는 듯한 통증이 있었다고 했다. 이 때문에 오른쪽 어깨가 붓고 아프다고 하였다. 내의원 관원 하종해河宗海와 홍침洪沈을 불러 맥의녀의 말을 듣고 그에 합당한 약을 올리게 하였다. 맥의녀가 맥을 보고 의원에게 그 상태를 얘기하면 의원이 약을 지어주는 식이었으나 내의원 관원들은 의녀의 의술을 신뢰하지 않고 남자 의원에게 맥을 짚게 하였다.

중종 30년1535 10월에는 세자빈도 풍한병이 들어 아팠다가 그치기를 반복하였다. 더욱이 인사불성이 되기도 하여 의녀와 의원이 떠나지 않고 곁에서 시중하였다. 이때는 의녀가 맥을 짚고 침을 놓고 간병을 하였다.

중종은 재위 39년1544에 많이 아팠다. 내의원에서는 중종의 증세를 거의 날마다 체크하였고, 의녀들도 왕의 곁에서 병간호를 하였다. 의녀들은 맥을 짚고 약을 먹이며 간호하는 데 온갖 정성을 다했고, 그날그날의 병세를 관리와 의원 들에게 보고하였다. 재위 39년 1월에는 중종이 감기로 인한 해수증咳嗽症, 기침을 얻어 오랫동안 정사를 돌보지 못했다. 의원 박세거와 홍침 및 내의녀 대장금大長今과 은비銀非 등은 해수증에 좋은 약을 의논하였다. 이때 내의녀가 내의원 제조에게 "임금은 머릿속이 약간 아프고 기침을 하며 숨이 가쁘고 갈증이 난다"면서 그 증상을 낱낱이 보고했다. 그리고 같은 해 2월 3일에 의녀는 "임금이 목이 쉬고 땀이 많이 나기 때문에 약을 써야 한다"고 파악했고, 이에 따라 약에 관한 소소한 의논이 의녀를 통하여 의원에게 전해졌다. 하지만 내의들은 의녀의 기술이 남자 의원만 못하며 식견이 천박하다고 무시하기도 했다. 의원들은 "의녀가 비록 입시入侍하나 맥의 도수度數와 증세가 더하고 덜함을 어찌 잘 알 수 있겠습니까" 하며 의녀의 의술을 불신하였다.

같은 해 10월 25일, 의녀와 의원이 왕의 병세에 대해 처리하는 상황을 보자.

> 이날 의녀 장금이 나와서 말하기를 "어제 저녁에 임금께서 삼경에 잠이 들었고, 오경五更, 새벽 3시에서 5시 사이에 또 잠깐 잠이 들었습니다. 또 소변은 잠시 통했으나 대변이 불통한 지가 이미 3일이나 되었습니다"라고 했

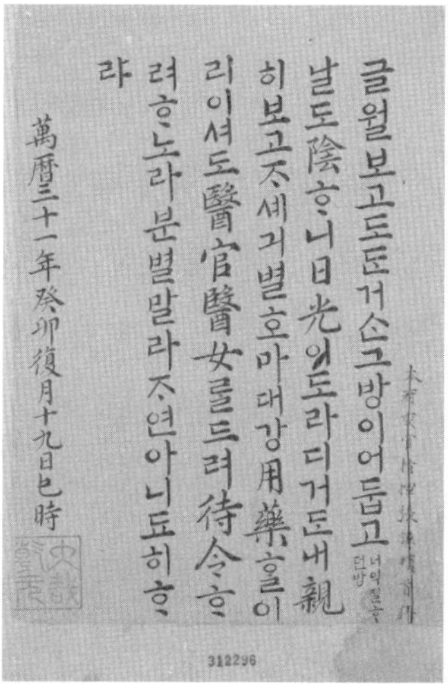
글월보고도돈거ᄉᆞᆫ그방이어둡고 너역질ᄒᆞ던방
날도陰ᄒᆞ니日光이도라디거든내親
히보고ᄌᆞ세긔별호마대강用藥ᄒᆞᆯ이
리이셔도醫官醫女를드려待令ᄒᆞ
려ᄒᆞ노라분별말라ᄌᆞ연아니됴히ᄒᆞ
라
萬曆三十一年癸卯復月十九日巳時

인목대비의 의녀 대령 편지,
서울대학교 규장각 소장

다. 박세거와 홍침이 들어가 진맥하니 왼손의 간신맥肝腎脈은 부浮하며 긴緊하고, 오른손의 맥은 가늘고 느렸다. 다시 약제藥劑를 의논하여 오령산五苓散에 마황麻黃, 방기防己, 원지遠地, 빈랑檳榔, 회향茴香을 첨가하여 다섯 차례 드렸다.[42]

의녀 장금이 중종의 상태에 대해 보고하면 의원이 진맥을 하고 약제를 의논하였다. 의녀는 하루에도 여러 차례 매일같이 왕의 상태에 대해 보고하였다. 약을 올린 것 또한 일일이 보고하였다. 의녀는 중종의 맥을 짚어 보고 맥박을 체크하고 열이 있는지 살피고 상태에 따라 적당한 처방을 올렀다. 그러나 11월 15일, 중종은 결국 죽고 말았다. 날이 이미 어두워져 여러 신하가 퇴근하는데 내전에서 의녀가 나와 중종의 증후가 위급하다고 알렸다. 신하들은 가던 길을 되돌아왔다. 얼마 후 내전에서 곡하는 소리가 들려왔고 약방에는 급히 부음이 전해졌다. 큰 상을 당하여 왕실 식구들이 슬픔에 빠지자 건강이 좋지 않던 세자빈의 상태가 더 나빠졌다. 이에 문정왕후는 전지傳旨를 내려 의원과 의녀를 불렀다.

상을 당하면 왕실 여성들이 슬픔으로 인해 건강을 해치는 경우가 종종 있었다. 광해군이 즉위한 해1608 7월에 선조의 계비繼妃였던 인목대비의 건강이 좋지 않아 의녀가 들어가 진찰을 하였다. 이때 인목대비는 선조의 상례喪禮로 너무 슬퍼한 나머지 앙상한 몸으로 몸져누워 일어나지 못할 정도였다. 인목대비는 남편 선조가 죽은 뒤 광해군 치하에서 자신과 어린 아들 영창대군이 목숨을 부지할 수 있을지 앞날이 걱정스러워 더 야위었다. 밥도 제대로 먹지 못했다. 그러한 그녀를 의녀는 극진히 간호하였다. 그러나 결국 광해군 5년1613 6월 아버지 김제남金悌男이 역모의 누명을 쓰고 죽임을 당함으로써 인목대비의 건강은 더욱 나빠졌고, 충격과 슬픔에 빠진 인목대비를 시중들고 간호하기 위해 내의녀가 번갈아가며 숙직하였다.

인조 25년1647 2월에는 의녀 정옥, 천생, 연생, 애복 등이 나인의 부름을 받아 중궁전에 들어갔다. 나인이 의녀에게 왕비의 수라와 수면 상태를 전하였으며 이에 의녀가 들어가 얼굴색을 관찰하였다. 의녀 정옥이 몇 년 동안 계속 시약했고 그 과정에서 맥을 짚는 법을 자연히 알게 되었다. 이

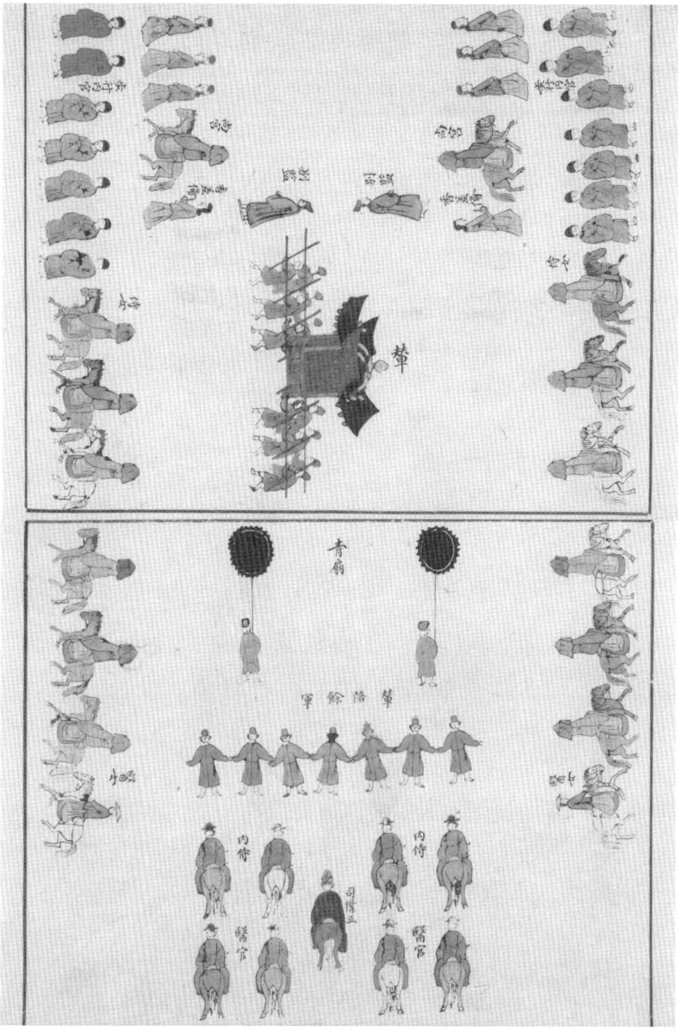

『영조정순왕후가례도감의궤』의 반차도, 서울대학교 규장각 소장 | 왕비의 가마 뒤쪽 좌우에 의녀가 한 명씩 뒤따른다.

같이 의녀는 궁중 여성이 아플 경우 그들을 간호하기 위해 항상 대기해야 했다. 한밤중에도 궁녀가 의녀를 불러 수라와 수면 상태를 전하면 의녀는 궁녀의 말을 참작하여 진찰했다.

또한 매우 드문 경우였지만 의녀는 중국에 가는 세자빈이나 공주를 수행하기도 했다. 인조 15년1637 병자호란으로 인해 소현세자를 비롯하여 많은 사람들이 인질이 되어 심양으로 끌려갈 때 세자빈 강씨도 따라갔다. 이후 인조 21년1643에 강빈의 부친이 죽자 강빈이 조선에 나왔다가 이듬해 다시 청나라로 들어갈 때 내의녀 단춘이 만약의 일에 대비하여 따라갔다.[43] 또 효종 원년1650에 금림군錦林君 이개윤李愷胤의 딸이 의순공주가 되어 청나라 구왕九王에게 시집가기 위해 청나라에 갈 때 공주의 간호를 위해 두 명의 의녀가 파견되었다. 의순공주의 경우 두 명이 더 필요하다는 요청에 따라 의녀 한 명과 시녀 한 명을 더 보냈다고 한다.[44] 단순히 수행을 위해서가 아니라 건강상의 문제가 발생할 것을 우려하여 시녀와 의녀를 딸려 보낸 것이다.

이외에도 의녀는 양반집 여성들의 치료를 위해 불려 다니기도 했다. 16세기에 유희춘柳希春이 남긴 『미암일기眉巖日記』에 의하면 그는 삼의사三醫司에 소속되어 있는 의녀들을 자신의 부인과 딸의 치료에 활용하였다. 선복과 사랑비 등이 불려왔는데, 그들이 주로 내의원에 소속되어 있었던 것으로 보아 궁중의 여성 치료를 전담했던 듯하다. 사랑비는 부인의 설종舌腫, 혓줄기 옆으로 희고 푸른 물집을 이루는 종기 치료를 위해 유희춘의 집에 숙식한 적도 있었다. 유희춘은 딸의 얼굴에 난 부스럼을 치료하기 위해 의원들에게 부탁하여 약물 치료를 하게 했으나 잘 듣지 않자 의녀 선복을 불러 침을 놓게 해 고치기도 하였다.[45] 지위가 높은 양반들은 가족의 치료를 위해 의녀를 불러와 길게는 여러 날 숙식을 제공하면서, 짧게는 당일로 치료를 받게 했던 듯하다.

『호산청일기』

『호산청일기』는 후궁의 출산 일기라 할 수 있다. 조선 왕조에서 왕실 여성의 출산은 매우 중요한 일이었다. 왕위를 계승하여 나라를 통치하는 일이 바로 세자나 원손에게 달려 있었기 때문이다. 따라서 왕실에서는 왕비나 세자빈이 임신을 하면 이를 돕기 위해 출산 두세 달 전에 임시로 산실청을 설치하였고, 후궁의 경우에는 한 달 전에 호산청을 설치하였다. 요즘으로 보면 산부인과 또는 조산원이 설치된 것이다.

숙종의 후궁이자 영조의 생모였던 숙빈 최씨가 세 아들을 출생할 때의 기록인 『최숙의방

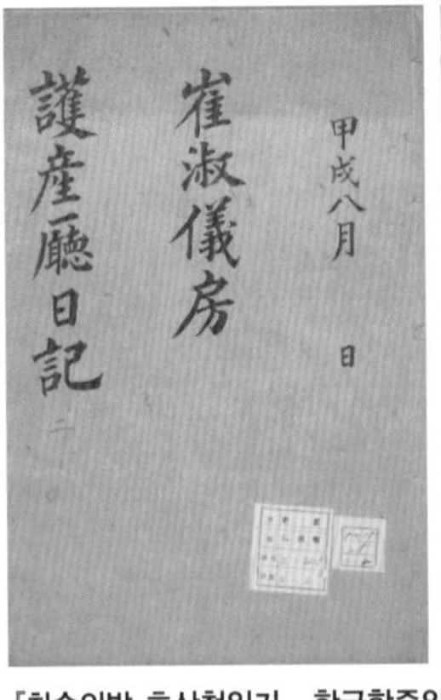
護産廳日記
崔淑儀房
甲戌八月 日

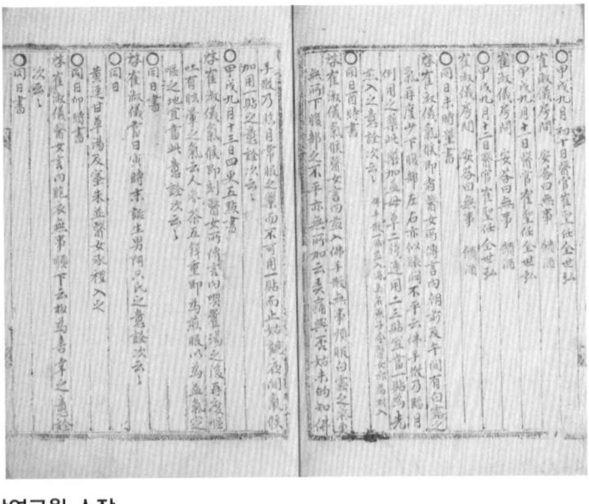

『최숙의방 호산청일기』, 한국학중앙연구원 소장

호산청일기』 가운데 영조의 출산 기록 일부와, 고종의 후궁이었던 순헌황귀비 엄씨가 영친왕을 출산하는 과정을 기록한 『정유년 호산청소일기』의 일부분을 소개한다. 의녀의 활동상을 살펴볼 수 있다.

○『최숙의방 호산청일기』

숙종 20년1694 8월 초1일.

차비差備에서 장무관掌務官을 불러 "최숙의가 오는 9월이 산달이 된다. 산실의 여러 가지 일들은 전례를 살펴 거행하도록 의관에게 말하라"고 전교하였다. 같은 날 최성임崔聖任과 전세홍全世弘이 의관으로 낙점되었다. 초2일에 승정원에서 "최숙의 산실을 배설陪設할 때 탕약서원은 윤이준, 배충상을, 의녀는 인향仁香, 승례承禮 등을 임명하는 것이 어떻습니까" 하니 허락하였다.

9월 초3일 의녀 인향이 진맥한 뒤 나와서 "최숙의의 상태가 한결같이 평온하고 맥도도 꽤 느긋하며 복부가 조금 처졌으니 아마도 아이를 낳을 증세가 있는 듯합니다. 양 옆구리 아래도 불러 있습니다" 하였다. 그러므로 호산관 최성임이 달생산達生散, 출산을 쉽게 하도록 도와주는 처방으로 출산 1개월 전부터 복용함에 익모초 한 돈을 첨가하여 다섯 첩을 지어 들였다. 의관 직숙直宿은 초6일로 앞당겨 정하라고 전교하였다.

(중략)

9월 12일 미시未時쯤에 아뢰기를 "최숙의의 상태에 대하여 방금 의녀가 전하기를 '아침 전과 오시午時 사이에 백로白露 증상이 있었는데 두 번 조금 나왔습니다. 복부의 좌우도 불룩해져 답답하여 편안하지 못한 듯합니다' 하였습니다. 불수산佛手散, 출산이 임박했을 때 순산을 도와주는 처방은 산달에 닥쳐

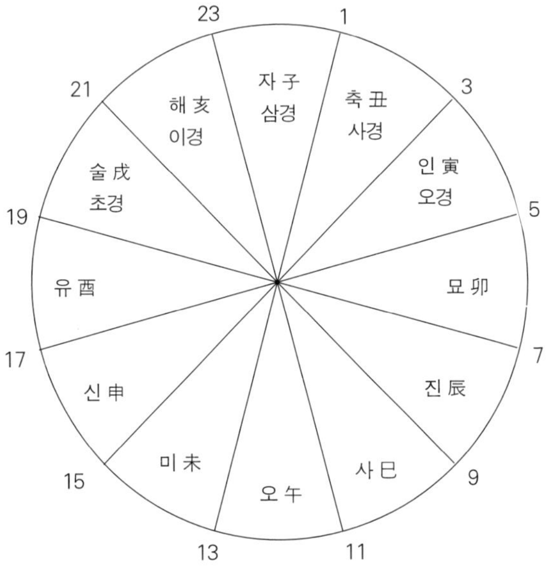

조선시대 시간 읽기

으레 쓰는 약인데 이 약에 익모초 두 돈을 첨가하여 연달아 두세 첩을 쓰는 것이 마땅합니다. 한 첩을 먼저 달이겠습니다" 하였다.

같은 날 유시酉時에 아뢰기를 "최숙의의 상태에 대하여 의녀가 말하기를, '달여 드린 불수산은 순조롭게 복용하였습니다. 백로 증상은 다시 없고 복부가 불편한 것도 없습니다' 하였습니다. 농통弄痛, 해산에 이르러 며칠 동안 진통하는 일 여부는 아직 정확히 모르겠습니다만, 불수산은 산달에 닥쳐 상시로 복용하는 약이니 한 첩만 쓰고서 그만둘 수는 없습니다. 밤새 상태를 살펴보고서 한 첩을 더 쓰겠습니다" 하였다.

9월 13일 사경 5점에 아뢰기를 "최숙의의 상태에 대하여 방금 의녀가 전하기를, '미역국을 먹은 뒤 두 번 구토를 하고 현기증이 있었습니다' 하였습니다. 인삼차 다섯 돈쭝을 즉시 달여 복용하게 하여 기운을 보태고 구토를 안정시키는 것이 마땅합니다" 하였다.

같은 날 아뢰기를 "최숙의가 당일 인시寅時 말에 남자 아기씨를 생산하였습니다" 하였다.

같은 날 황련감초탕과 밀주蜜朱는 모두 의녀 승례가 들였다.

같은 날 묘시卯時에 아뢰기를 "최숙의의 의녀가 말하기를, '대반이 무사히 순조롭게 내려왔습니다' 하니 매우 기쁘고 다행스럽다" 하였다.

같은 날 아뢰기를 "최숙의의 상태에 대하여 의녀가 와서 전하기를 '분만한 뒤에 연달아 미역국을 한 번, 화반곽탕和飯藿湯을 한 번 드시고 기후도 평안합니다' 하였습니다" 하였다.

같은 날 미시未時에 아뢰기를 "방금 의녀가 전하기를, '새로 태어난 아기씨가 삼킨 젖을 다시 토해냈습니다. 속이 불쾌하고 토할 듯한 증상이 있었으나 지금 겨우 진정되어 잠이 들었습니다. 태변도 조금 누었습니다' 하였습니다. 이는 처음 태어난 아기에게 으레 있는 일이니 우선 증세를 살펴보고서 치료하겠습니다" 하였다.

9월 14일 아뢰기를, "최숙의의 상태에 대하여 의녀가 전하기를, '어제와 똑같이 평안하며 초저녁부터 새벽이 지난 뒤 연달아 여덟 번 미역국을 드셨습니다. 새로 태어난 아기씨도 밤새 자기도 하고 깨기도 하였으며 때때로 젖을 빨았는데 전에 걱정했던 발작하는 일은 없었습니다' 하니 매우 다행스럽습니다" 하였다.

산달이 다 된 숙종 20년 8월 초1일부터 9월 19일까지 의관은 거의 매일같이 산모를 문안하였고 그 상태에 대해 왕에게 보고했으며, 의녀는 산모가 미역국을 몇 번 먹었는지, 아기씨의 상태가 어떠한지 등을 세세히 보고하였다.

○『정유년 호산청소일기』

광무 원년1897 정유 9월 25일 신해, 맑고 서풍이 붊.

해초亥初, 오후 9시경 2각刻 12분分에 궁인 엄씨가 경운궁의 숙옹재에서 남자 아기씨를 생산하였다. 조령詔令하기를, "오늘 해시亥時에 궁인 엄씨가 아들을 낳았으니 호산 등의 여러 가지 일들은 전례대로 거행하라" 하였다.

호산청은 경운궁의 숙옹재로, 호산관 처소는 대전의 장방長房으로 하였다. 호산청의 차지次知는 김규복을, 종사관從事官은 최석두를, 호산관 전의典醫는 박준승, 최석우를 차하差下, 벼슬을 시킴하였다. 주사主事 현동완玄東完은 별장무관別掌務官의 예로 호산청 대령待令으로 차하할 것을 칙하하였다.

도제조의 뜻으로 아뢰기를, "탕약고원湯藥雇員은 김용환, 유호영을, 대령의녀待令醫女는 죽엽과 진향을 차하하는 것이 어떻겠습니까?" 하니, 윤허하였다.

전 군수 이해창을 겸전의兼典醫로 차하하고 이어 소아小我를 위하여 특별히 입직할 것을 칙하하였다. (하략)

광무 원년 정유 9월 26일 임자, 맑고 서풍이 붊.

진시辰時에 호산청에서 서주書奏하기를, "의녀의 말에, '궁인 엄씨가 분만한 뒤 기후가 연이어 평안하며 화반곽탕을 세 번 드셨습니다. 새로 태어난 아기씨는 젖도 잘 빨고 또 대변을 보았으며 기식氣息도 안온합니다' 하였습니다. 이를 서주합니다" 하니, 알았다고 답하였다.

태胎를 안치하는 데 필요한 귀가 네 개 달린 덮개 갖춘 흰 항아리를 의녀 죽엽과 진향이 대령하였으므로 종사관이 봉입하였다. 권초捲草, 비나 빈, 후궁의 출산 때 자리에 깐 짚자리를 권초관이 겨두는 것한 것을 담는 데 필요한, 사면에 모서리가 있고 붉게 옻칠한 덮개 없는 함을 들였다. 호산청에서 서주하기를, "태 항아리를 월덕月德 병방丙方, 월덕은 달의 덕신德神으로 1, 5, 9월에는 12방위 가운데 병방에 있고, 2, 6, 10월에는 갑甲에, 3, 7, 11월에는 임壬에, 4, 8, 12월에는 경庚에 있다에 안치하였습니다. 전차를 서주합니다" 하니, 알았다고 답하였다.

순헌황귀비 엄씨

초석草席, 짚자리은 차지와 종사관이 받들고 나가 호산관 박준승, 최석우, 주사 현동완, 고원 김용환, 유호영, 의녀 죽엽, 진향에게 전하니, 유청문維淸門 밖에 현초懸草, 비빈妃嬪이 해산할 때 깔았던 거적자리를 산후 이레 동안 길吉한 방향의 궁중 대문에 붉은 끈으로 매달아두던 일한 뒤 퇴출하였다. 【즉 산실은 숙옹재 서쪽 중문中門이다.】

차지중사次知中使와 종사관에게는 본방本房에서, 사약司鑰, 별감別監, 반감飯監에게는 각감청閣監廳에서, 호산청의 소아대령주사小兒待令主事, 의녀에게는 본방에서, 고원, 사령使令, 군사軍士에게는 각감청에서 먹을 것을 주었다.

호산청에서 서주하기를, "의녀의 말에, '궁인 엄씨의 기후는 아침과 똑같고 화반곽탕을 한 번 드셨습니다. 아기씨는 젖을 잘 빨고 잠도 줄곧 안온합니다' 하였습니다. 전차를 서주합니다" 하니, 알았다고 답하였다.

강고도어羌古道魚, 가다랑어 다섯 마리를 의녀 죽엽과 진향이 들이니, 종사관이 봉입捧入하였다.

호산청에서 신시申時에 서주하기를, "의녀의 말에, '궁인 엄씨의 여러 가지 증세는 한결같이 평안하며 화반곽탕을 세 번 드셨습니다. 아기씨는 젖을 잘 빨아 잠자는 것이 줄곧 안온합니다' 하였습니다. 전차를 서주합니다" 하니, 알았다고 답하였다.

호산청에서 서주하기를 "내일은 바로 궁인 엄씨가 분만한 뒤 사흘째 되는 날입니다. 목욕 길시吉時는 일관日官으로 하여금 택하게 했더니, 궁인 엄씨의 목욕 길시는 이달 27일 사시巳時이고, 아기씨 목욕 길시는 같은 날 신시申時이며, 태를 씻을 길시는 같은 날 묘시卯時라고 합니다. 태를 씻을 물은 월덕 병방의 물을 사용해야 합니다. 다만 삼가 생각건대, 이렇게 태를 씻을 때를 당하여 날씨가 조금 추우니 수고로이 거둥하셨다가 감기에 걸릴 염려가 없지 않으니 매우 조심해야 할 듯합니다. 아기씨 목욕은 더욱 염려하지 않을 수 없으니 다만 수건을 물에 적셔 대략 닦아주겠습니다. 세욕탕洗浴湯, 목욕물을 끓이는 데 쓸 병방의 물 세 동이를 내일 이른 아침에 자내自內, 임금이 거주하는 대궐 안에서 내주십시오. 전차를 서주합니다" 하니, 알았다고 답하였다.

호산청에서 서주하기를, "태를 씻을 물은 월덕 병방에서 떠와 의녀로 하여금 백 번 씻게 한 뒤 술로 다시 씻겠습니다. 옛날 동전 한 개를 글자 면이 아래로 가게 하여 먼저 안쪽 태 항아리의 밑바닥 가운데에 넣은 다음 씻은 태를 넣어 유지油紙와 남면주藍綿紬로 항아리 입구를 덮고 붉은 끈으로 묶어 봉하겠습니다. 자내에서 봉표封標하여 항아리의 뚜껑을 덮고 붉은 끈으로 항아리의 네 귀와 뚜껑의 네 구멍을 관통하여 묶은 뒤 내보내면 신들이 차지 내관과 함께 전례대로 거행하겠습니다. 전차를 서주합니다" 하니, 알았다고 답하였다.

(중략)

광무 원년 정유 9월 29일 을묘, 맑고 서풍이 붊.

진시에 호산청에서 서주하기를, "의녀의 말에, '귀인의 기후는 밤새 한결같이 평안하며 화반곽탕을 한 번 드셨습니다. 아기씨는 젖을 잘 빨고 대소변도 순조로우며 잠도 안온합니다' 하였습니다. 전차를 서주합니다" 하니, 알았다고 답하였다.

호산청에서 오시에 서주하기를, "의녀의 말에, '귀인의 기후는 평안하고 화반곽탕을 한 번 드셨습니다. 아기씨는 젖을 잘 빨고, 대변 두 번과 소변 한 번을 보았으며 잠도 안온합니다' 하였습니다. 전차를 서주합니다" 하니, 알았다고 답하였다.

호산청에서 신시에 서주하기를, "의녀의 말에, '귀인의 기후는 한결같으며 화반곽탕을 한 번 드셨습니다. 아기씨는 젖을 세 번 빨았고 대변을 한 번 보았으며 잠도 안온합니다' 하였습니다. 전차를 서주합니다" 하니, 알았다고 답하였다. (중략)

귀인이 조금 체한 감이 있어 사진탕四陳湯 두 첩을 복용하였다. 【하인청下人廳에서 달여 드렸다.】

차지次知와 종사관, 호산관 소아의주사小兒醫主事, 고원, 의녀, 사령, 군사에게 모두 반찬을 하사하였다.

4

의녀의 대우

아무리 힘들다 하더라도 노비의 딸로 사는 것보다는 의녀로 사는 것이 나았다. 의관보다 대우받지 못하고 일의 성격에 따라 차별도 매우 심했지만, 경제력과 면천의 기회를 통해 사회적으로 보다 나은 지위에 오를 수도 있었다. 의녀는 사회 활동을 했으며 활동의 범위도 넓었다. 부를 축적할 수 있었고, 특히 내의원 의녀는 궁중 여성과 접촉하며 천인이나 양인 여성들이 받지 못하는 특별 혜택과 대우를 받기도 했다.

급료 지급 및 복호

종 출신이었던 의녀는 무료 봉사를 했을까, 아니면 일의 대가를 받았을까? 대가를 받았다면 무엇을 얼마나 받았을까? 의녀의 처우는 각자의 의학 지식과 기술, 능력과 지위, 역할에 따라 달랐다.

의녀들에게는 적으나마 급료가 지급되었다. 세종 16년1434에는 의녀가 매일 의서를 익히며 간병과 침구를 하니 기녀妓女, 가무, 풍류로써 국가와 궁중 연회, 유흥 행사에서 흥을 돋우는 일을 하던 여성의 예에 따라 1년에 두 번 의녀에게 쌀을 하사할 것을 명하는 기사가 보인다.

> 예조에서 아뢰기를, "제생원 의녀는 날마다 관사에 출근하여 의서를 읽고 익히며, 병을 보고 침과 뜸을 하되 맑고 비 오는 날을 가리지 않아 임무의 괴로움이 갑절이나 무겁습니다. 기녀의 예에 따라 1년에 두 번 쌀을 하사하소서" 하니, 그대로 따랐다.[46]

그 양은 모르지만 1년에 두 차례 의녀에게 쌀을 주었음을 알 수 있다.

문종은 "의녀는 거의 다 지방 사람이며, 비록 서울에 사는 자일지라도 살기가 매우 어렵다" 하여 기녀의 예에 따라 해마다 쌀 한 섬씩을 주게 하였다. 이것은 의녀와 기녀의 처지와 보수가 비슷했음을 의미한다. 직급이 높은 내의원 의녀 열 명은 보통 한 달에 쌀 열한 말 정도를 받았고, 아홉 명은 쌀 여덟 말, 보리쌀 한 말을 받았다. 혜민서에 속한 의녀는 세 명이 쌀 여덟 말, 보리쌀 한 말을 받았다. 그리 넉넉한 수당은 아니라 할 수 있다. 남의男醫 가운데 최고직인 어의가 정3품에 심지어 당상관에 오르는 경우도 있었던 것에 비하면 의녀는 보잘것없는 대우를 받았다. 당시 궁녀에게 종9품부터 정5품까지의 품계가 주어진 것과 비교해볼 때 기녀에게 품계가 없는 것과 마찬가지로 의녀에게도 품계가 주어지지 않았다.

하지만 혜택도 있었다. 의녀 집안에는 양인이나 천민의 집에 부과하는 조세나 요역徭役, 국가에서 백성의 노동력을 무상으로 징발하는 수취 제도 등의 부담을 줄여주거나 면제해주었다. 이를 복호復戶라고 한다. 의녀에게 복호 혜택을 준 것은 이들이 악공樂工, 전악서典樂署, 아악서雅樂署, 장악원에서 향악鄕樂과 당악唐樂을 연주하던 음악인이나 악생樂生, 장악원에서 아악을 연주하던 음악인, 기녀 등과 같이 국가에 일정한 노동력을 제공하였기 때문이다. 의녀는 다른 천인 여성과 달리 인간의 질병을 치료할 수 있는 기술을 가지고 있었기 때문에 국가로부터 경제적인 혜택을 받았고 일부는 자신의 능력으로 부를 축적할 수도 있었다.

물질적 포상

의녀는 정기적인 급료 외에 환자의 병을 고친 공로를 인정받으면 국가로부터 비정기적으로 여러 가지 포상을 받았다. 그 내용은 크게 보면 쌀만 받는 경우, 쌀과 포를 받는 경우, 신분이 해방되는 면천免賤이 주어지는 경우, 면천에 쌀과 포까지 받는 경우 등 다양하였다.

왕실 가족의 병이 낫고 그들이 건강을 회복하면 의녀에게는 특별 포상이 주어졌다. 포상품은 대개 쌀이나 콩, 면포 등이었다.

세종은 재위 5년1423 8월에 소헌왕후 심씨의 병이 차도를 보이자 의원과 의녀에게 차등을 두어 포상하였다. 또 재위 13년1431 5월에는 자신의 안질과 치질을 특히 잘 치료해준 제주 의녀 효덕孝德에게 쌀과 콩 각 다섯 석과 소금, 장, 면포와 정포正布 각 세 필을 하사하였다. 또 재위 22년1440 4월에는 왕비의 병이 좋아지자 "중궁이 일찍이 풍병을 앓았는데, 온천에 목욕한 이후로는 병이 아주 나았으니 이것은 목욕한 효험이고, 또한 의원과 의녀가 약을 먹인 공효功效, 공을 들인 보람이나 효과다"라고 하면서 대호군大護軍 양홍수楊弘遂와 판전의감사判典醫監事 노중례盧重禮에게 내구마內廏馬, 임금이 거둥할 때 쓰는 말 각각 한 필씩을 주고, 의녀 소비에게는 쌀 여섯 섬을 주었다.

의녀에게 물품을 하사한 경우는 실록에서 많이 찾아볼 수 있다. 중종은 재위 21년1526 6월에 "자전께서 여름이면 매양 불편하였고 또 비위가 좋지 않아서 약간의 부증이 있었는데, 약을 보살피는 당상 의원 두 명, 당하 의원 한 명, 의녀 한 명에게 내리는 세 끼 식사는 사옹원司饔院, 궁중의 음식에 관한 일을 맡아보던 관아으로 하여금 제공하게 하라"고 하였다. 또 재위 39년1544 2월에는 내의원 제조 윤은보尹殷輔와 정순붕鄭順朋에게 각각 숙마熟馬, 길이 잘 든 말 한 필씩을 하사한 것을 비롯하여 의녀 대장금에게는 쌀과 콩을 합하여 다섯 석, 은비에게는 쌀과 콩 세 석을 하사하고 탕약사령에게는 관아의 창고에 있는 목면 두 필씩을 지급하게 하였다. 중종은 재위 기간도 길었지만 건강상 문제가 많았는지 의원과 의녀에게 포상하는 경우도 다른 왕들에 비해 많았다.

명종은 재위 1년1546 1월에 왕대비의 병이 회복되자 내의원 제조 및 의원, 의녀 등에게 각각 차등을 두어 상을 내렸다. 또 재위 6년1551 6월에는 대비가 왕비의 출산을 도운 산실 의원을 승진시켜주고 의녀에게는 차등 있게 물품을 주게 하였다.

> 자전이 전교하였다. "중궁 산실의 의원 홍침洪沈, 유지번柳之蕃, 정학년鄭鶴年을 각각 한 품계씩 승진시켜주고, 그 밖의 의녀들에게도 차등 있게 물품을 하사하라."[47]

공로에 대한 포상으로 의원들은 관직을 올려주었으나 관직이 없는 의녀들에게는 보통 물품을 내렸다.

광해군은 즉위년1608 11월에 인목대비의 병을 치료한 의녀에게 상을 주었다. 이때 내의원 도제조 심희수沈喜壽, 전 제조 김수金睟, 제조 이정구李廷龜에게 반숙마半熟馬, 타기에 반 정도 길이 든 말 한 필, 부제조 김상용金尚容에게 아마兒馬, 어린 말, 타기에 길들지 못한 말 한 필, 어의 조흥남趙興男 등 일곱 명에게 각기 숙마 한 필, 장무관掌務官 이순李循에게 아마 한 필, 제약관 이혜정李惠汀 등 열 명에게 각기 상현궁上弦弓 한 장, 의녀 수련비守連非 등 두 명에게 각기 쌀 두 섬, 하인 일곱 명에게 각기 무명 두 필을 내려주게 하였다.[48] 그리고 재위 11년1619 12월에 중전의 병을 치료한 시약청 도제조 박홍구朴弘耉, 제조 이이첨李爾瞻에게는 안구마鞍具馬, 안장을 갖춘 말 한 필씩을 주고, 부제조 한찬남韓纘男, 광주 목사 전유형全有亨, 어의 조흥남, 신득일申得一, 정인남鄭仁男, 이혜정, 이희헌李希憲은 품계를 한 등급씩 올려주도록 하였다. 그리고 의녀 두 명에게는 쌀 석 섬씩을 주었다.[49]

인조는 재위 4년1626에 산실청에 소속되어 의료 활동을 한 의관과 의녀에게 상을 내렸다. 당상 의관, 즉 어의 세 명이 해산에 참여하였고, 이들은 그 공로로 반숙마 한 필, 아마 한 필 등을 지급받았다. 이와 함께 의녀와 하인 들도 해당 관청으로부터 쌀과 면포를 받았다. 또한 재위 14년1636 4월 원손이 탄생하자 산실청의 도제조, 제조, 내관 등 관련자들은 안구마, 반숙마를 받았고, 한 등급씩 승진하였다. 의녀 및 하인 등은 쌀과 포를 상으로 받았다.[50]

영조 12년1736 8월에는 대비전의 병이 다 나았다 하여 공이 있는 사람에게 상을 내렸는데 이때 하인과 의녀에게는 쌀과 포를 차등 있게 나누어주었다.

대비전의 건강이 평상시와 같이 회복되었으므로 상을 내렸다. 제조 김흥경金興慶에게는 안장을 갖춘 내구마를 주고, 아들이나 사위 중 한 명에게 관직을 제수하게 했으며, 제조 조상경趙尙絅과 부제조 이수항李壽沆은 벼슬을 올려주게 하였다. 주서注書 윤경주尹敬周는 6품으로 올려주고 의관 여섯 명도 벼슬을 올려주었다. 하인과 의녀에게는 쌀과 포를 차등 있게 주었다.[51]

전염병 치료 등 특별한 임무를 받고 의료 활동을 한 경우에도 의녀는 상을 받았다. 요즈음 말로 상여금, 곧 보너스를 받았던 것이다. 앞에서 본 바와 같이 왕실에서 새로운 아이가 태어날 때마다 수고한 의녀에게 상을 내렸다. 관료나 의원에게 내린 상에 비하면 보잘것없었지만 왕비가 아이를 낳을 때 설치되는 산실청에서 일할 경우 포상금을 받았다. 왕자라도 태어나면 왕비나 후궁의 집안에서 많은 예물을 주었으니 횡재를 하기도 했다. 그러나 출산 과정에서 산모나 아이가 잘못되면 의관과 함께 연대책임을 졌으니 그만큼 위험하기도 했다. 치료하던 왕이나 왕비, 대비가 죽었을 경우에도 의원과 마찬가지로 벌을 받았다.

면천

의녀에 대한 포상으로 가장 크고 영광된 것은 신분을 세탁하는 면천이었다. 의녀는 종의 신분을 벗어나기가 어려웠다. 그러나 의술로 공을 세우면 양인의 신분을 얻을 수 있었다.

면천은 진맥이나 조산, 간호보다는 침술로 공을 세웠을 경우에 주어졌다. 현종 10년1669 8월 어머니 인선왕후가 온천에 갈 때 수행한 것과 관련하여 의녀 단춘丹春, 정옥正玉, 지향芝香 등은 면천을 받았고, 같이 참여했던 의녀 국향菊香, 예환禮環 등은 쌀과 면포만 지급받았다.[52] 공로의 차이에 따라 면천을 받기도 하고 쌀과 면포를 상으로 받기도 하였다.

숙종 24년1698 3월에도 빈궁의 병을 치료한 공로로 의녀들에게 포상을 하였다. 의녀 승례에게는 면천에 목면 두 필을 주었고, 인향에게는 면천만을, 나머지 단절丹節, 채선彩仙, 월아月娥, 천향天香, 여생麗生 등에게는 쌀과 면포만을 주었다.[53] 숙종 37년1711 12월에는 중전의 병을 치료한 것에 대한 공로로 차비대령差備待令, 부르면 달려갈 수 있도록 채비를 하고 기다린다는 뜻 의녀 단절, 월아, 승례承禮, 천향, 선옥仙玉 등은 면천에 쌀과 면포를 지급받았다. 이외에 치료에 참여한 사환使喚 의녀 여생, 월영대月影臺, 몽운夢雲, 안향安香, 포용希容 등은 쌀과 면포만 지급받았다.[54] 이렇게 의술과 시중의 공로에 따라 포상에는 차등이 있었다.

아무리 힘들다 하더라도 노비의 딸로 사는 것보다는 의녀로 사는 것이 나았다. 의관보다 대우받지 못하고 일의 성격에 따라 차별도 매우 심했지만, 경제력과 면천의 기회를 통해 사회적으로 보다 나은 지위에 오를 수도 있었다. 의녀는 사회 활동을 했으며 활동의 범위도 넓었다. 부를 축적할 수 있었고, 특히 내의원 의녀는 궁중 여성과 접촉하며 천인이나 양인 여성들이 받지 못하는 특별 혜택과 대우를 받기도 했다.

의녀의 헤어스타일

일상복과 달리 일터에서 입는 의복, 즉 유니폼은 예나 지금이나 사회적 지위와 기능을 내포하고 있다. 단지 추위를 막거나 몸을 보호하거나 치장하기 위해서가 아니라 직업이나 신분을 나타내기 위해 갖추는 고유한 복장인 것이다. 복장의 차별화를 강제했던 신분제 사회에서 복장의 사회적 기능은 지금보다 더 컸다. 복장을 차별화하면 개인의 신분이나 역할을 쉽게 구별할 수 있었으며, 지배층이 피지배층을 통제하는 데에도 편리했다.

신분제 사회였던 조선시대에는 궁녀, 기녀 등 직업여성들에게 각자의 역할에 맞는 옷차림이 요구되었는데 의녀에게는 독특한 머리 모양이 요구되었다. 의복을 특별히 규정하지는 않았던 것으로 보이지만 머리에 쓰는 모자는 궁녀나 기녀의 그것과 달랐다. 의녀라는 신분을 나타내기 위해 가리마쓰개의 하나를 사용한 것이다. 신윤복의 〈청금상련聽琴賞蓮〉에서 의녀가 기녀들과 같이 양반들과 어울리는 모습을 볼 수 있다. 의녀는 검은 비단 가리마를 쓰고 있다. 의녀가 기녀보다 품위가 높음을 표시하는 것이었다.

조선 후기에 이르러 여성들이 멋을 부리기 위해 가체加髢, 가발를 과도하게 사용하는 사치가 극에 달하자 정조는 이를 금지하려 하였다. 이에 정조 12년1788 10월에 비변사에서는 궁궐 내에서 일하는 여성들의 머리에 다리머리카락을 땋아서 둘둘 말아 올린 것. 월자月子라고도 함를 얹는 것을 금지하는 일에 관해 자세한 절목가체신금절목加髢申禁節目을 올렸다.

비변사가 다리 얹는 것을 금지하는 일에 관한 자세한 조목을 올렸다. 조

신윤복, 〈청금상련〉, 간송미술관 소장

목의 내용은 다음과 같다. “부인의 머리 장식에도 의식과 법도가 있습니다. 건괵巾幗, 부인들이 머리를 꾸미기 위하여 사용하던 쓰개의 하나과 관피冠帔를 비록 상고相考할 수는 없으나, 요컨대 다리가 생긴 것이 아직 수십 년을 넘지 않습니다. 그 근원이 중국 제도를 모방한 것이 아닌데다가 그 말류의 폐단이 사치를 숭상하는 고질이 되어, 무턱대고 서로 따라 하므로 마침내 그 값이 높이 뛰어올라 심지어 부자도 가산을 탕진하고 가난한 자는 더러 인륜을 폐하기까지 하였습니다. 그러므로 우리 선대왕께서 말류의 폐단을 통렬히 징계하실 것을 결단하시어 금령을 설치하여 제거하게 하셨습니다. (중략)

1. 사족士族의 처첩과 여염의 부녀자들이 다리를 머리에 얹는 것과 밑머

리를 땋아 머리에 얹는 것을 일절 금지한다.

1. 다리 대신 사용하는 형식은, 낭자머리, 새앙머리는 처녀의 제도여서 사용할 수 없으니 머리를 땋아 뒤에다가 쪽을 찌는 것으로 대신하고, 머리에 쓰는 것은 절대로 족두리를 사용하되, 무명으로 만든 것이나 얇게 깎은 대나무로 만든 것을 막론하고 모두 검은 천으로 겉을 싼다. (중략)

1. 상민常民이나 천민의 여인으로 거리에서 얼굴을 드러내놓고 다니는 무리 및 공사천公私賤에 대해서는 모두 밑머리를 땋아 얹는 것은 허락하지만, 다리를 붙이거나 다리를 얹는 제도는 각별히 금지한다. 각 궁방宮房의 무수리, 내의녀, 침선비와 각 영읍營邑의 기녀들은 밑머리를 땋아 머리 위에 얹고 그 위에 가리마를 덮어 등위等威를 구별하는 뜻을 나타내는데, 내의녀는 종전대로 모단冒緞을 사용하고, 그 밖에는 검은 삼승포三升布를 사용한다. (하략)[55]

절목을 보면 각 궁방의 무수리, 내의녀, 침선비와 각 영과 각 읍의 기녀들은 밑머리를 땋아 머리 위에 얹고 그 위에 가리마를 덮어 등급을 구별하였다. 내의녀는 종전대로 검은 비단 가리마를 사용하고, 나머지는 검은 면포 가리마를 사용하였다. 이들의 복색은 보통 궁궐 나인들과 같이 옥색 삼회장저고리에 남치마였으나, 같은 의복을 입어도 이들은 기생같이 멋을 부렸다 한다. 가슴에 조그맣게 침낭針囊, 침 주머니을 달았는데 그 둘레에 동글동글한 무늬가 있는 공작 꽁지깃을 여러 개 꽂았다. 고종 말에는 이미 서양 의사가 궁궐을 드나들던 때라 이 침 주머니는 하나의 액세서리같이 되어버렸다.

의녀의 직급은 어떻게 구분되었나?

모든 조직에 직급이 있듯이 의녀도 등위가 있었고, 의술의 숙련도에 따라 승진하기도 했다. 지위가 가장 높은 의녀는 누구였으며, 가장 낮은 의녀는 누구였을까? 엄격히 고정된 것은 아니지만 의녀 사회에도 나름의 체계가 있었고, 사환 의녀, 내의녀, 차비대령 의녀, 어의녀, 수의녀 등 다양한 칭호와 그에 따른 지위의 고하가 있었다.

사환 의녀

사환은 잔심부름을 하는 사람이다. 사환 의녀는 자신보다 높은 의녀를 따라다니며 보조했다. 능력이 부족하거나 배움의 시작 단계에 있는 경우 사환 의녀로 활동해야 했다. 공로에 대한 포상에서도 사환 의녀는 차비대령 의녀보다 낮은 상을 받았다. 이는 사환 의녀의 역할이 의술을 시행하는 과정에서 심부름 정도에 그쳤기 때문이다.

내의녀

내의녀는 궁중에 있는 내의원의 의녀다. 이들은 계속 교육을 받는 수련의라고 할 수 있다. 내의원의 의관이 내의녀를 가르쳤는데, 의서 및 침술을 강습하였다. 조선 후기 내의원에는 모두 스물두 명의 의녀가 있었다. 이 가운데 열 명이 상급의 의녀, 곧 차비대령 의녀로 뽑혔고, 나머지 열두 명 중 침을 전문으로 하는 침의녀가 열한 명, 진맥을 전문으로 보는 맥의녀가 한 명이었다. 내의녀는 차비대령 의녀 중에 결원이 생겼을 때 승차되었다.

차비대령 의녀

일반적으로 차비관差備官은 특별 임무를 위해 임시로 임명하던 벼슬을 의미한다. 차비대령 의녀는 왕이나 왕실 식구의 병환에 대비하기 위해 대령하는 의녀를 말한다. 차비대령이라는 말에서 알 수 있듯이 즉각 현장에 투입할 수 있는 의녀다.

차비대령 의녀는 의학 지식이나 경험 면에서 내의녀보다 한 단계 위였다. 다시 말해 내의녀 가운데서도 의술이 뛰어나 특별한 임무를 부여받은 의녀다. 차비대령 의녀는 차비 의녀라 부르기도 했다.

숙종 44년1718 7월 7일 왕비가 홍역을 앓았을 때 수고한 의원과 의녀에게 포상한 기록을 보면, 이전 숙종 37년1711에 차비대령 의녀였던 승례, 천향, 선옥 등과 사환 의녀였던 몽운, 안향 등도 차비대령 의녀로 승진한 듯 차비 의녀로 포상을 받고 있다.

실력을 갖추었다 해서 누구나 차비대령 의녀가 될 수 있는 것은 아니었다. 우선, 수시로 치러지는 각종 시험에서 성적이 좋아야 했다. 차비대령 의녀는 내의녀 가운데서 충원했는데, 현종 12년1671에 차비대령 의녀 단춘이 죽자 내의녀 단절端節이 대신하였다. 차비대령 의녀는 내의녀보다 더 많은 급료를 받았고, 부수입도 여러모로 더 많았다.

어의녀

의녀 가운데 일인자는 어의녀다. 임금을 치료하는 의사를 어의라 했듯이, 어의녀는 왕의 병을 진찰하고 간호하는 의녀다. 어의녀는 어의를 보좌하며 왕의 진료를 함께 담당한, 의녀 중의 의녀라 할 수 있다.

어의녀는 차비대령 의녀 가운데서 의술이 뛰어난 자를 특채하였다. 어의는 정3품 이상이고 그 이하 벼슬의 의관은 내의라 하였다. 당하관 가운데 의술이 정통한 자를 특채하여 어의로 승격시켰다. 의녀도 이와 비슷한 과정을 거쳤다. 조선시대의 대표적인 어의녀 대장금은 오랫동안 어의녀로 지냈다. 어의녀 중에는 늙도록 근무한 사람도 있었다.

어의녀가 되려면 우선 나이와 경력이 많아야 했다. 광해군은 어의와 어의녀가 거의 다 늙었다며 잘 가려 뽑아 별도로 교육을 시키라고 명하였다.[56] 이로 미루어볼 때 어의녀가 되기까지는 상당한 기간이 걸렸음을 알 수 있다.

어의녀 가운데 가장 지위가 높은 어의녀를 수의녀首醫女라 했다. 수의녀는 최고의 실력을 가진 의녀다. 요즘 간호사 가운데 가장 지위가 높은 간호사를 수간호사라 하는 것과 같은 이치다.

5

이름난 의녀들

대장금 또는 장금은 실록 기록만 보더라도 29년 동안 그 이름이 등장한다. 실제로는 그보다 훨씬 더 오랫동안 의녀로 활동했다고 볼 수 있다. 그는 해산을 돕고, 다른 의관들과 함께 대비와 왕의 병을 돌보고, 왕의 대소변 불통을 진료하는 등 다양한 일을 했다. 단순히 간호 보조 업무만 한 것이 아니라 전문 의학 지식을 바탕으로 의사로서의 역할을 했다. 남자 의원과 비교할 때 대장금의 의학 지식이 더 뛰어났다고 볼 수는 없지만 왕 가까이에서 병을 치료하고 왕을 간호하는 위치에 있었던 것이다.

『조선왕조실록』에는 많은 의녀들의 이름이 보인다. 이름만 나열되고 마는 의녀가 있는가 하면 왕의 은총을 받은 의녀, 특별한 의술을 가진 의녀도 보인다. 조선시대의 이름난 의녀로는 누가 있었는지 살펴보자.

성종 대 장덕, 귀금

장덕張德은 제주도 출신의 유명한 의녀였다. 장덕은 치통과 충치를 잘 고치는 의녀로 도성 안에서 화제가 되었다. 그녀는 충치 제거에 남다른 재주가 있었을 뿐만 아니라 눈이나 코 등의 부스럼 치료에도 특별한 능력을 보였다. 죽을 무렵에 그 기술을 자신의 여종 귀금貴今에게 전해주었다. 국가에서는 의술을 대중화하기 위해 귀금에게 의녀를 붙여 배우게 했다고 하는데 여의치는 않았다.

장덕과 귀금이 매우 유명했는지 성종 대 인물인 성현도 『용재총화』에서 그들에 대해 얘기하고 있다.

한 여자가 제주에서 왔는데 의술은 알지 못하나 다만 충치를 뽑았는데, 사대부 집에서 다투어 서로 맞아 갔다. 그 여자가 죽자 또 한 여자에게 그 업을 전하여 나도 또한 불러다가 이를 치료했는데, 얼굴을 위로 젖히고 입을 열어, 은으로 만든 숟가락으로 조그마한 흰 벌레를 꺼내는데 숟가락은 이에 들어가지도 않고, 이에서 피도 나지 않아, 그 쉬운 것이 이와 같았다. 또 이 기술을 다른 사람에게 전하지 않아 조정에서 죄를 다스려도 오히려 고하지 않으니, 이는 반드시 환술幻術이요 정업正業이 아닐 것이다.[57]

직접 장덕과 귀금이란 이름을 쓰지는 않았지만 두 의녀가 그들임은 쉽게 짐작할 수 있다. 그러나 이들이 기술을 전하려 하지 않은 것을 두고 그들의 의술이 사람들을 현혹하는 계략이지 정도正道의 일은 아닐 것이라 의심하였다.

성종은 재위 19년1488 9월 28일 제주 목사 허희許熙에게 이의 병을 고치는 의녀 장덕이 이미 죽고 이제 그 일을 아는 자가 없으니, 이, 눈, 귀 등 여러 아픈 곳의 벌레를 잘 제거하는 사람이 있으면 남녀를 불문하고 보내라 하였다.[58] 이를 통해 성종이 장덕을 매우 아꼈음을 알 수 있다.

귀금도 성종 대 의녀로 부스럼을 치료하는 기술이 있었다. 그러나 그는 자신의 기술을 잘 드러내지 않았다. 성종 23년1492 6월에 성종은 귀금이 기술을 숨긴다 하여 불러서 물었다.

우승지 권경희權景禧가 아뢰기를, "제주의 의녀 장덕은 충치를 제거하고 코와 눈 등의 모든 부스럼도 제거할 수 있었는데, 죽을 무렵에 그 기술을 사비私婢 귀금에게 전해주었습니다. 나라에서는 면천시켜 여의로 삼아 그 기술을 널리 전하고자 하여 두 여의로 하여금 귀금을 따라다니게 하였는데, 귀금이 숨기고 전하지 아니하였습니다. 요즈음 황을黃乙이라는 자가 고독蠱毒, 뱀, 지네, 두꺼비 등의 독, 또는 이 독이 든 음식을 먹고 생긴 병을 잘 다스리는데, 숨기고 있다가 세 차례나 벌을 받은 다음에야 말하였습니다. 여의 분이粉伊는 그 기술을 배웠으나, 황을만은 못하니, 이는 그 기술을 다 전하지 아니한 것입니다. 청컨대 귀금을 고문하여 물어보게 하소서" 하였다.

(성종이) 명하여 귀금을 불러서 묻기를, "여의 두 사람으로 하여금 따라다니게 하였는데, 네가 숨기고 전해주지 아니하니, 반드시 그 이익을 독차지하고자 함이 아니냐? 네가 만약 끝까지 숨긴다면 마땅히 고문을 가하면서 국문鞫問하겠으니, 다 말하여라" 하자, 귀금이 말하기를, "제가 일곱 살 때부터 이 기술을 배우기 시작하여 열여섯 살이 되어서야 완성하였는데, 지금 제가 마음을 다해 가르치지 않는 것이 아니고 그들이 익히지 못할 뿐입니다" 하였다.[59]

귀금은 장덕에게 일곱 살 때부터 이 기술을 배우기 시작하여 열여섯 살이 되어서야 완성했다고 했다. 귀금은 어린 나이에 의술을 배워 10년 동안 기술을 연마한 것이다.

기술의 전수와 관련하여 황을이 언급되고 있다. 황을은 중독을 다스리는 의술이 탁월했던 자였다. 황을은 이 의술을 숨기고 있다가 세 차례나 형문刑問을 당한 끝에 여의 분이에게 가르쳤다. 분이가 기술을 배워 중독증을 치료했는데 황을만은 못했다. 이로 볼 때 당시 의녀들은 자신의 기술을 남에게 쉽게 가르쳐주지 않았던 것 같다. 자신의 전문성과 명성을 유지하기 위해서 그러지 않았을까?

중종 대 대장금

우리에게 드라마로 알려져 익숙한 대장금은 실존 인물이다. 대장금은 중종 대 최고의 의녀로서 명성이 자자했다. 대장금은 중종 10년1515 실록에 처음 등장하여 중종 39년1544에 마지막 기록이 보인다.

실록에는 장금이라는 이름과 대장금이라는 이름이 동시에 보이는데 대체로 이 둘은 동일 인물로 여겨졌다. 그러나 장금과 큰 장금, 두 사람으로도 볼 수 있지 않을까? 같은 시기에 같은 이름을 가진 사람이 있었을 수도 있기 때문이다. 그러나 현재 이를 밝혀낼 자료는 없다. 그렇다면 '대大'는 무슨 뜻일까? 키가 컸다는 것일까? 아니면 의녀들 중에서 특별히 의술이 뛰어났다는 것일까? 그것도 아니면 유독 왕의 총애를 받았다는 뜻일까? 다른 의녀들에게 '대' 자가 붙은 경우는 없었던 것으로 보아 그 의미는 뭔가 평범하지 않은 듯하다.

대장금 또는 장금은 실록 기록만 보더라도 29년 동안 그 이름이 등장한다. 실제로는 그보다 훨씬 더 오랫동안 의녀로 활동했다고 볼 수 있다. 그는 해산을 돕고, 다른 의관들과 함께 대비와 왕의 병을 돌보고, 왕의 대소변 불통을 진료하는 등 다양한 일을 했다. 단순히 간호 보조 업무만 한 것이 아니라 전문 의학 지식을 바탕으로 의사로서의 역할을 했다. 남자 의원과 비교할 때 대장금의 의학 지식이 더 뛰어났다고 볼 수는 없지만 왕 가까이에서 병을 치료하고 왕을 간호하는 위치에 있었던 것이다.

중종 10년 3월 8일의 기록을 보면 사헌부에서 의원 하종해를 의금부에 가둬야 한다고 주장한다. 그 이유는 중종의 계비 장경왕후가 2월 25일에 원자훗날의 인종를 낳고 3월 2일에 사망했기 때문이다. 그러나 중종은 하종해가 약을 마음대로 지어 올린 것이 아니라 의녀가 말한 증상에 따라 조제했으므로 그를 의금부에서 심문하는 것은 마땅치 않다고 했다. 이때 중종이 말한 의녀 중에는 장금도 포함되어 있었다. 사헌부에서는 대장금이 왕비를 제대로 치료하지 못했으니 당연히 벌을 주어야 한다고 주장했다. 그러나 중종은 끝까지 대장금에게 죄를 묻지 않았다.

> 대간이 아뢰기를, "의녀인 장금의 죄는 하종해보다도 심합니다. 출산 후에 의대衣襨, 왕과 왕후의 의복를 손질하실 때에 계청하여 중지하였으면 어찌 죽는 일에 이르렀겠습니까? 형조에서 조율照律, 죄에 대한 법조문을 적용하는 일

할 때 정률正律을 적용하지 않고 장형을 속바치게 하니 매우 합당하지 못합니다" 하였으나 모두 윤허하지 않았다.[60]

중종은 첫번째 계비 장경왕후가 해산한 뒤 죽었지만 장금을 비롯한 의녀들이 최선을 다해 도왔다 하여 벌하지 않았다. 중종은 원자를 생산하는데 장금이 큰 공을 세웠기 때문에 상을 내려야 마땅하지만 왕비가 갑자기 죽는 바람에 상을 주지 못했는데, 상을 주지는 못할망정 벌을 줄 수는 없다고 하였다. 또한 왕비가 죽은 것은 의원이나 의녀가 제대로 보살피지 못해서가 아니라 근본적으로 왕비의 건강에 문제가 있었기 때문이라 하였다. 장경왕후처럼 당시에는 해산을 하다가 죽는 경우가 종종 있었다.

이 사건 이후 대장금은 7년 후인 중종 17년1522 8월 15일 실록에 다시 등장한다. 이때 중종은 자순대비가 중풍 증세가 있고 감기를 앓고 있다며 의녀에게 치료하게 했다. 그러나 의녀의 진찰이 필시 정밀하지 못할 것이라 하여 하종해와 김순몽金順蒙을 불러서 항상 대비전 밖에 있게 하고 의녀의 전달을 들어 약을 지어 올리게 했다. 자순대비의 병세가 호전되자 왕은 대비를 치료한 의원 하종해와 김순몽, 의녀 신비信非와 장금 등에게 상을 내렸다. 이때 내린 상을 보면 제조 김전金詮, 장순손과 승지 조순趙舜에게는 말안장 20부, 활 1정, 전죽箭竹, 화살대 1부, 의원 하종해에게는 말 한 필과 쌀, 콩 각 열 석, 김순몽에게는 말 한 필, 의녀 신비와 장금에게는 각각 쌀, 콩 각 열 석씩을 주고, 내관, 반감, 별감에게도 모두 상을 내렸다. 이들해 2월에는 약방제조 장순손, 박호朴壕와 의원 하종해, 김순몽 등을 한 자급씩 올려주기를 명하고, 가승지假承旨, 승정원에서 왕명의 출납을 맡아보던 승지 가운데 임시직를 비롯해 의녀, 내관 등 관계된 사람들에게도 차등을 두어 상을 내렸다.

또한 2년 후 중종은 대장금의 의술이 의녀 가운데 조금 나아 대궐을 출입하며 간병하니, 전체직全遞職을 주라고 하였다. 원래 의녀는 다수의 인원이 돌아가면서 근무하고 근무 기간 동안만 녹봉을 받는 체아직이었다. 그런데 중종은 대장금에게 자신의 간병을 전담하게 하고 그 공으로 전체직을 주었다. 이른바 파트타임이 아니라 풀타임으로 간병하게 하고 그에 따른 보수를 준 것이다. 대장금은 명실공히 궁중의 어의녀이자 왕을 돌보는 수의녀로 자리를 잡았다.

몸이 약했던 중종은 재위 28년1533 1월 초에 종기를 앓아 수개월 동안 고생하였다. 대장금이 다시 진찰하고 약을 쓰자 한 달 뒤에 나았다. 이때 병 치료에 공을 세운 사람은 의원 하종해와 대장금, 계금戒今 등이었다. 2월 초에 거의 회복된 중종은 약방제조와 의원들에게 상을 주었다. 그리고 의녀 대장금과 계금에게는 쌀과 콩을 각각 열다섯 석씩, 관목면과 정포를 각기 열 필씩 내려주었다. 탕약 사령 등에게도 각기 차등 있게 상을 내렸다. 중종은 몸이 회복되자 의녀와 약방을 내보냈다.

그러나 중종은 오랫동안 앓던 풍증과 그에 따른 합병증으로 재위 39년1544에 이르러서는 이미 버티기 힘든 지경이 되었다. 중종은 결국 차도를 보이지 못하고 그해 11월 15일에 죽었다. 그리고 중종의 승하와 함께 대장금에 관한 기록도 사라졌다.

선조 대 애종, 선복

애종愛鍾은 선조 대에 의술이 특별히 뛰어나다고 평가받은 의녀였다. 그러나 행실이 바르지 못했는지 선조는 애종이 궐에 출입하지 못하도록 했다. 지금 그 이유는 알 길이 없지만 그녀가 선조의 미움을 산 것은 틀림없는 사실이다. 선조는 의녀 애종을 내의녀 명부에서 삭제하게 했다.

"듣건대 내의원의 의녀 애종은 매우 음탕하여 본디 중전 곁에 가까이 있게 할 수 없는 자인데 약방에서 여러 차례 들어가 진찰할 것을 요구했었다. 나는 그것이 안 될 줄 알았지만 굳이 들어주지 않을 경우 약방이 의아해할지도 모른다는 생각이 들어 드디어 그 청을 허락했다. (중략) 그의 말씨와 행동을 보면 광활狂猾하고 신중한 기색이라고는 조금도 없었으니 의술도 역시 알 만하다. 만약 이 사람이 의녀로서 궐에 드나들다간 뒷날 사람을 그르치지 않는다는 보장이 없다. 궁중의 사람들이 모두 통분해하면서 '이미 구원救援할 수 없을 바에는 차라리 그 의녀에게 옥체를 보이지 말았어야 했다'고 한다. 애종을 내의녀의 명부에서 삭제하라."[61]

애종의 말씨와 행동이 조신하지 못했던 것은 틀림없다. 그러나 선조 33년1600 6월 의인왕후 박씨가 죽음을 앞두자, 약방에서는 의녀 애종이 글을 알고 의술도 다른 의녀들보다 뛰어나다고 하여, 그로 하여금 중전을 진찰하도록 청했다. 선조는 애종을 창녀라 하여 비록 의술이 있다 하더라도 중궁전에 드나들지 못하게 했다. 선조의 반대에도 불구하고 약방의 책임자는 시약청 의녀 애종으로 하여금 궁궐에 들어와 의녀 활동을 할 수 있도록 강청하였고 결국 애종은 궁궐에 들어와 대비를 간호하였다.

그러나 끝내 대비가 죽자 그에 대한 책임이 추궁되었다. 영의정 이항복李恒福, 정언正言 윤양尹瀁 등은 시약청의 의관과 의녀를 모두 옥에 내려 죄를 주자고 했다. 의업을 모르는 음탕한 창녀를 궁궐 내에 둔 실수는 매우 놀라운 일이니 관련 관리는 파직시키고 애종은 잡아다가 국문하자고 하였다. 지평 홍준洪遵은 의녀 애종이 맥박의 도수와 증후의 경중은 전혀 살피지 않고 약을 잘못 써서 끝내 대비가 죽음에 이르렀으니 죄를 주어야 한다고 했다. 그러나 선조는 애종에게 진찰을 맡긴 것은 다른 마땅한 의녀가 없었던 탓이라 하며 그녀가 밉지만 내의녀 자리에서 쫓아내기만 하라고 하였다. 애종이 실제 창녀였는지 음탕했는지는 알 수 없다. 그러나 어쨌든 애종의 행동이 선조의 마음에 들지 않았던 것 같다.

선조가 죽고 광해군이 즉위하자 이항복은 내의녀의 대가 끊기게 되었으니 애종을 불러 의녀를 가르치게 하자고 했다. 이항복은 의녀 중에 그래도 애종의 의술이 가장 나았는데 선조 때 끼氣가 있다고 해서 내보내고 쓰지 않아 일 없이 지낸다면서, 애종을 다시 불러들이자고 하였다. 애종은 평판이 좋지 않았지만 당시 의술만큼은 나름 인정을 받았던 것이다.

선복善福은 선조 대의 시의녀로 유명하였다. 선조 7년1574 윤12월 13일에 명종의 부인인 대비 인순왕후 심씨가 많이 아팠다. 의녀 선복은 대비를 간호하며 선조에게 그 증세를 아뢰었다.

> 오시午時, 오전 11시부터 오후 1시에 의녀 선복이 아뢰기를, "자전의 증세가 사시巳時, 오전 9시부터 11시 초부터 한기가 다시 생기며 목 안에서 담 끓는 소리가 조금 납니다" 하니, 임금이 시약청에 전교하기를, "대비전의 증세에 대한 것을 의서醫書에 근거하여 살펴서 대궐 안으로 들이라" 하였다.[62]

결국 인순왕후는 선조 8년1575 1월 2일에 승하하였다. 이로 인해 선복은 의관 손사명孫士銘, 안복수安福壽 등과 함께 사헌부와 사간원으로부터 탄핵을 받았다.

> 사헌부가 시의녀 선복과 의관 손사명, 안복수를 탄핵하니, 임금이 그들이 인순왕후의 증세가 심하지 않다고 대답한 것을 속인 것이라고 여겨 드디어 하옥하였다.[63]

그러나 선복은 의관들과 함께 옥에 갇혔다가 곧 풀려나서 다시 의녀 활동을 했다. 같은 해 2월 공의전恭懿殿, 인종비 인성왕후의 건강이 좋지 않아 선조는 급히 선복을 석방하여 가서 진찰하게 하라고 명했다. 선복은 의관들에게 공의전의 건강 상태를 자세히 보고하였다.

위에서 언급한 의녀 외에도 실록을 비롯한 조선시대 기록에는 상당히 많은 의녀의 이름이 보인다. 또 한양에 올라가서 의학 공부를 하고 의녀가 되어 지방 관아로 돌아간 의녀도 다수 있었다. 그러나 몇몇 이름난 의녀들을 제외하고는 잘 알 수 없다. 또 의녀가 아니면서도 의녀를 칭하며 의녀 행세를 하던 사람들도 있었다. 부녀자 중에도 의술에 밝은 사람이 있었겠지만 거의 알려진 바 없다. 의학과 의술을 남성이 독점하고 있었고, 사회적으로 여성의 의료 활동에 대해서는 큰 관심을 두지 않았기 때문이다.

세종 대에는 제주 여인 효덕이 눈병과 충치를 잘 고쳤다 한다. 이에 세종은 재위 13년1431 5월에 효덕을 불러 쌀과 콩 다섯 석, 소금, 장과 면포, 정포 각 세 필을 주었다. 또 정조 대에 극심한 기근에 굶주린 제주도민을 구한 김만덕은 정조를 만나러 서울에 와서 의녀반수醫女班首라는 직함을 받아 궁에 들어왔다. 조선시대의 특수직 여성으로는 기녀도 있고 궁녀도 있고 무녀도 있었는데 왜 하필 의녀였을까? 그녀가 많은 사람들을 구했기 때문에 의녀반수라는 직함을 붙여준 것이 아니었을까?

또 정조 대에 사주당師朱堂 이씨는 태교 전문서인 『태교신기胎教新記』를 집필했으며, 당시 고약으로 유명한 종의腫醫이자 침의였던 피재길의 모친도 의학 지식이 상당했다. 『청구야담靑邱野談』에서는 "피재길이라는 사람이 종기에 능한데 그 아비가 일찍 죽자 재길의 나이가 어려 미처 아비의 의술을 다 전하지 못하였더니 그 어미가 보고 들은 것으로 익힌 모든 의술을 가르쳤다"고 했다. 국가로부터 의녀라는 직함은 받지 못했어도 각종 질병을 잘 고치는 여성이 다수 있었을 것으로 여겨진다. 의원 집안의 부인 역시 남편으로부터 남다른 의술을 배웠으리라 짐작할 수 있다.

순조 대에 빙허각憑虛閣 이씨는 『규합총서閨閤叢書』를 썼는데, 그 가운데 의약 관련 내용을 실었다. 또 승지를 지낸 홍인모의 부인이며 유명한 학자이자 재상을 지낸 홍석주의 어머니인 서씨 부인은 배움이 넓어 의학에도 정통했다고 한다. 이처럼 양반가의 여성 중에도 의학에 관심을 갖고 그것을 배운 사람들이 있었지만 이들의 의학 지식은 민간요법에 해당되었다고 할 수 있으며, 이들은 그것을 직업적으로 사용하지는 않았다.

6

의녀의 또다른 역할

의녀는 국가가 주관하는 크고 작은 연회에 참가하였고, 왕비나 대비의 행차에 의장儀仗을 받드는 일이나 의례를 거행하는 데 수반되는 일도 하였다. 또 점차 사회적으로 사치 풍조가 만연해지자 양반집의 크고 작은 술잔치에 불려 나갔다. 양반들은 흥을 돋우기 위해 나름 교양을 갖춘 의녀를 불러 잔치의 격을 높였던 것이다. 이 때문에 해당 관아에서는 의녀를 양반집에 기생처럼 보내곤 하였다. 또한 의녀는 종친이나 양반의 기생첩이 되기도 하였다.

약방 기생

의녀는 관비 출신의 천인이었던 만큼 남성과 쉽게 접촉할 수 있었다. 특히 성종 말기부터 기생처럼 남성과 어울렸다. 이러한 분위기는 연산군 이후 더욱 심해져 관행처럼 굳어졌다. 연산군은 잔치의 흥을 돋우기 위해 기녀뿐만 아니라 의녀도 동원하였다. 의녀를 잔치에 동원한 것은 의녀가 천인 출신이었기 때문이다. 그래서 점차 의녀가 기녀 역할도 하게 되었다. 연산군 이후 의녀들은 '약방 기생'이라고 불리는 경우가 많았다. 약방 기생이란 병을 진찰하는 의녀 기생을 지칭하였다.

연산군 6년1500 8월 의정부가 당시의 폐단을 조목별로 올린 것을 보면 양반가에서도 친한 벗을 접대할 때 창기와 의녀를 불러 술잔치를 베풀었다 한다. 따라서 의녀가 글 읽을 여가가 없고, 기생은 음악을 익힐 여가가 없다고 하였다. 의녀와 기생은 서울 각 관청의 공식 연회에 불려 다녔다. 진연進宴, 나라에 경사가 있을 때 궁중에서 베풀던 잔치이 있을 때 의녀들은 기녀들과 함께 어전의 섬돌 위에 앉았으며, 의서 말고도 음악을 배워 궁궐의 잔치 때마다 화장을 하고 참가하였다.

연산군은 잔치를 열 때 의녀 80명을 가려 뽑아 예의를 익히게 하고, 재주 있는 기녀를 깨끗이 옷을 입혀 연회에 참석하게 했다. 또 어떤 때는 젊은 의녀 50명을 골라 단장시켜 연회에 참석하게 하였다.

> 전교하기를, "대비전에 잔치를 열 때에 젊은 의녀 50명을 골라 단장시켜 어전의 일을 맡게 하되, 지금부터 상례로 하라" 하였다.[64]

연산군은 외명부外命婦, 왕족, 종친의 딸과 아내 및 문무관의 아내로서 남편의 관직 품계에 따라 봉작을 받은 부인을 통틀어 이르던 말가 왕비에게 축하할 때 글을 올리거나 좌우에서 전갈하는 의녀를 모두 젊고 글을 아는 사람으로 골라 정하게 했다. 그리고 그들의 머리를 장식할 다리 및 장신구를 사들이도록 하였다.

심지어 연산군은 선발한 의녀가 글은 알아도 음악을 배우지 못한 경우에는 내쫓도록 했다. 또 재위 12년1506 1월에 경복궁에서 잔치를 열었는데, 이때 진지의녀進止醫女, 임금의 분부를 받드는 의녀. 진지는 진퇴進退와 같은 말이다 50여 명을 궁궐 안에 들여 날이 늦어서야 잔치를 파했다. 의녀 대부분이 동원된 것으로 보인다.

의녀는 이처럼 궁궐 안의 연회나 양반 관료의 연회 장소에 자주 불려 나갔다. 중종 대에 들어서도 의녀는 의기醫妓라는 이름으로 관료들의 연회에 계속 불려 갔다. 관리들은 점차 의녀를 기녀처럼 대했다. 이에 중종은 연산군 대의 잘못을 바로잡고자 의녀가 공적·사적으로 연회에 참여하는 것

〈기영회도〉, 국립중앙박물관 소장 | 왼쪽 검정 가리마를 한 무리가 의녀이고, 오른쪽 무리가 관기다.

을 법으로 엄하게 금하고 의료에 전력하도록 했다. 중종은 재위 5년1510 2월 1일 연회에 의녀와 창기를 참석하지 못하게 금하는 조항을 마련케 하였다.

> 전교하기를, "지금부터 관리의 연회에 의녀나 창기를 부르는 자를 엄히 금하고, 사헌부로 하여금 자세한 조목을 마련하여 아뢰게 하라" 하였다. 사헌부에서 제서유위율制書有違律, 왕의 명령이나 뜻을 위반하는 자를 처벌하는 법로 처벌하고 의녀와 창기도 모두 무겁게 처벌할 것을 청하니, 임금이 "그리하라" 하였다.[65]

중종은 의녀가 본업으로 돌아가도록 엄중히 단속하였다. 이후 재위 11년1516 11월에는 관리들이 의녀, 기녀를 불러 함부로 술을 마시지 못하도록 하는 금형禁刑을 거듭 밝혔다.

> 관리들이 의녀, 기녀를 불러 마음대로 술을 마시지 못하게 하는 법을 거듭 밝히도록 하였다.[66]

그러나 이미 한번 흐려진 풍기는 좀처럼 시정되지 않았고 때에 따라서는 법도 효과가 없었다. 중종 30년1535에는 혜민서에서 오랫동안 근무해온 훈도들이 의녀와 나이 어린 각사의 관원 및 소년 무뢰배와 무리를 지어 자주 연회를 베풀고 즐겼다. 의녀에게 뇌물을 받고 휴가를 주는 등 폐단을 일으키는 일도 있었고, 심지어 왕릉에 갈 때 훈도 등 관리들이 젊은 무뢰배와 함께 의녀 네댓 명을 불러다가 낮에는 마음껏 술을 마시고 밤에는 각자 데리고 자거나 간통까지 하였다. 의녀는 병자를 치료하는 과정에서 자연히 양반 관료와 접촉할 기회가 많았다. 그런 만큼 높은 신분의 남성들에게 성적으로 쉽게 유린되었다.

이러한 상황은 조선 후기에도 여전하였다. 의녀는 국가가 주관하는 크고 작은 연회에 참가하였고, 왕비나 대비의 행차에 의장儀仗, 지위가 높은 사람이 행차할 때 위엄을 보이기 위해 격식을 갖추어 세우는 병장기兵仗器나 물건을 받드는 일이나 의례를 거행하는 데 수반되는 일도 하였다. 또 점차 사회적으로 사치 풍조가 만연해지자 양반집의 크고 작은 술잔치에 불려 나갔다. 양반들은 흥을 돋우기 위해 나름 교양을 갖춘 의녀를 불러 잔치의 격을 높였던 것이다. 이 때문에 해당 관아에서는 의녀를 양반집에 기생처럼 보내곤 하였다. 또한 의녀는 종친이나 양반의 기생첩이 되기도 했다.

의녀가 기생으로 차출됨에 따라 의녀 교육이 제대로 이루어지지 못하고 풍기가 문란해지자 기강을 바로잡아야 한다는 지적이 많아졌다. 하지만 국가에서 아무리 엄하게 금지해도 의녀가 연회에 참석하는 일이 근절되지 않았다. 의술에 힘써야 할 의녀가 풍류 자리에 나아가 장단을 맞추는 일을 계속한 것이다. 요즘으로 말하면 돈을 벌기 위해 강제적 또는 자발적으로 유흥업소 등에 나가 아르바이트를 한 것이다.

의녀가 연회에 참석한 것은 강제에 의해서이기도 하지만 물질적인 대접이 좋았기 때문이었다. 뒷거래로 이루어지는 돈벌이는 가난한 의녀에게 달콤한 유혹이었다. 그리하여 의녀가 의료 행위와 가무를 병행했던 것이다.

> 최근에 사대부들의 검소함이 땅을 쓴 듯이 없어졌습니다. 창가娼家, 창기의 집와 기방妓房이 분주하게 출입하는 장소가 되었고, 침비針婢와 의녀 들이 각기 풍류의 자리를 차지하고 있습니다.[67]

의녀는 남성들의 풍류를 충족시켜주는 노리개 역할도 했다. 이는 양반 남성의 요구와 의녀의 경제적 욕구가 맞아떨어졌기 때문이었다.

수사관

의녀의 활동으로 특이한 것은 이들이 형사 역할을 했다는 점이다. 여성을 대상으로 수사하고 조사하는 일, 즉 간심看審 활동을 한 것이다. 간심은 수색과 비슷한 일로 기초 의학 지식을 이용해 병의 유무를 심사하는 것이었다.

세종 16년1434 5월에는 종학宗學, 종친의 교육을 맡아보던 관아에 입학한 자가 어머니와 처의 병을 핑계로 학교에 나오지 않자 의녀로 하여금 의원과 같이 가서 병증을 진찰하게 하여, 그 허실을 가린 뒤에 병간호하는 것을 허락하였다.

의녀는 범죄와 관련해 여성의 상처를 조사하는 임무를 맡기도 했다. 상처를 치료하는 것이 아니라 상처를 조사해 사건 담당 기관에 보고하는 일이었다. 의녀는 시체를 검시하기도 했다. 당시 살인 사건의 검시는 일반적으로 서울에서는 해당 관서에서, 지방에서는 지방관이 직접 했는데 여성의 몸을 조사하고 검시하는 일은 의녀의 몫이었다.

성종 21년1490 10월에 한환韓懽이 자신의 처 조씨를 때려 상처를 많이 입히고 여종들을 죽인 사건이 있었다. 사실을 조사하는 데 의녀가 파견되었다. 의녀 영로永老 등은 한환의 처 조씨의 상처를 살펴보고 그 결과를 승정원에 보고하였다.

또 중종 24년1529 12월에는 충순위忠順衛, 왕족이나 관리 또는 관리의 자손이나 친족으로 조직한 군대 유정柳汀의 자식 두 명이 굶주림으로 병이 들어 얼굴이 누렇게 뜨고 몸이 퉁퉁 붓고 노비 두 명이 굶어 죽는 지경에 이르자 한성부에서 의녀를 보내 살펴보게 하였다. 흉년으로 인해 굶주리는 사람이 생기자 그들의 건강 상태를 살펴보러 의녀가 파견되었던 것이다.

임진왜란중이었던 선조 28년1595에는 명종의 아들 순회세자의 부인인 공회빈恭懷嬪을 매장한 곳을 파서 그 뼈가 그녀의 것인지 아닌지를 판단하는 데 의녀가 투입되었다. 공회빈은 선조가 의주로 피란 갈 때 죽었는데 경황이 없어 임시로 매장을 했다. 그후 선조는 서울로 돌아와 공회빈을 매장한 곳과 그녀의 뼈를 찾았다.

예조 낭청이 좌의정 김응남의 뜻을 아뢰었다. "회동하여 묏자리 터를 살펴보고 나서 군인에게 흙을 파보게 하니, 깊이는 포백척布帛尺, 바느질을 할 때 쓰는 자으로 한 자쯤 되었고 단지 초둔草芚, 짚, 띠, 부들 따위로 거적처럼 엮어 만든 물건이 깔려 썩은 자취만 있고 달리 증거 될 흔적은 없었습니다. 다만 이른바 임시 매장처라는 곳에서 옆으로 세 자쯤 되는 곳에 썩은 뼈 두 개가 있었는데 하나는 길고 하나는 짧았습니다. (중략) 신들이 상지관相地官, 대궐이나 능 등의 땅의 운세를 보던 관리, 의원, 의녀, 경험 있는 사람과 같이 살펴보니, 골절이 작고 가늘어 사람의 뼈 같지는 않았습니다. 또 골절이 썩고 부서진 상태도 수삼 년 이내의 것은 아니었습니다. 신들의 소견과 여러 사람의 진술을 참작해보건대 의심할 만한 단서는 없는 듯합니다. 그러나 중대한 일이니 자세하고 극진히 처리하여 미진한 점이 없게 해야 옳습니다. 근래 들으니 성안의 백골을 거두어 매장한 중이 있어 사람 뼈인지 아닌지를 알며, 또 의관도 사람의 골절을 안다고 합니다. 즉시 불러와 함께 살펴보고 증명하게 하소서."[68]

의녀는 의원을 도와 뼈의 상태를 살펴보았지만 확인은 쉽지 않았다.

또한 의녀는 여성 범죄 혐의자를 수색하는 일을 했다. 이는 남녀유별을 기본으로 하는 유교 이념에 근거한 것으로, 남성이 여성을 수색할 수는 없었기 때문이다. 의녀의 수색 활동은 사헌부나 의금부의 지휘하에 행해졌다.

죄인의 집을 수색할 때 의녀는 포도대장을 따라가 조사하기도 했다. 안방 등 여성의 공간은 여성이 수색해야 했다. 중종은 의녀의 이러한 부가 활동에 대해 의녀의 본래 역할이 아니라며 반대하였다.

정원에 전교하였다. "(…) 사족士族의 집을 수색할 때 의녀로 하여금 조사하게 하는 일은, 다시 생각해보건대 의녀를 둔 것은 병을 구료하기 위함이다. 그런데 지금 포도장捕盜將, 포도청의 장수을 따라가 사족의 집을 수색하게 함은 의녀를 둔 본뜻이 아니다. 새로 세우는 일이라 의논하지 않을 수 없으니, 정부 낭관을 불러 삼공三公에게 의논하라."[69]

궁중의 화재 사건을 조사할 때도 여성 혐의자는 의녀가 조사하고 심문하였다. 광해군 5년1613에는 임금 저주 사건이 있어 이와 관련된 인목대비전 궁녀를 수색하자는 논의가 있었는데 이때도 의녀를 보냈다.

영의정 이덕형李德馨이 아뢰기를, "평상시에 사대부 집에서 사람을 붙잡아 올 경우 간혹 의녀들로 하여금 들어가 염탐해보게 하였는데, 지금도 이 관례에 따라 의녀로 하여금 대비전 궁녀를 찾아보게 하는 게 어떻겠습니까?" 하였다. 왕이 승지에게 명하기를, "영상의 말에 따라 수문장守門將,

궁궐이나 성 문을 지키던 장수과 선전관宣傳官, 형명形名, 계라啓螺, 시위侍衛, 전령傳令, 부신符信의 출납 따위를 보던 무관을 많이 정하여 잡인이 드나들지 못하도록 엄히 금한 뒤에 의녀로 하여금 들어가 찾아서 잡아오도록 하라" 하였다.[70]

또한 광해군 6년1614 7월에 광해군의 형인 임해군臨海君의 기생 환어사喚御史가 숨은 곳을 수색할 때도 의녀를 보내 잡게 하였다. 환어사는 임해군이 사랑했던 기생이었는데 임해군이 역모 혐의로 유배되어 죽은 뒤 민간에 숨어 지냈다. 그러나 다시 임해군의 일에 연루되어 잡혀서 저자에서 거열형車裂刑을 당했다.

『계축일기癸丑日記』에 의하면 의녀는 공주와 영창대군을 잡아가는 행동대원 역할을 했는가 하면, 나인들을 잡아가는 여순경 역할을 했음도 알 수 있다.

궁궐 안에서 여성이 관련된 사건이 일어나면 의녀가 참여하였다. 상궁이나 일반 궁녀를 체포하거나 수사할 때도 참여하였고, 드물지만 왕실 여성이 사약을 받은 경우에도 관리를 따라가 사망 여부를 심사하였다. 중종 28년1533 5월 중종이 복성군福城君을 안치安置, 먼 곳에 보내 주거를 제한하는 일하고 경빈 박씨를 사사賜死, 임금이 독약을 내려 스스로 죽게 하는 일하였는데, 이때 사약을 내리기 위해 의녀 두 사람을 박씨가 있는 상주로 파견하였다. 보통 중종은 사약을 내릴 때는 도사都事, 벼슬아치의 감찰 및 규탄을 맡아보던 종5품 벼슬만 보냈지만 박씨에게는 이전에 성종이 폐비 윤씨에게 사약을 내린 예에 따라 도사와 함께 의녀를 파견하였다.

의녀는 혼례 때 사치를 단속하기 위해 혼인집에 찾아가 사치품이나 부정한 폐물, 예물이 있는지 조사하는 일도 했다. 국가에서는 사치스러운 혼인을 금지했는데 이를 지키지 않는 이가 많아지자 의녀를 보내 부정 유무를 조사하게 하였다. 의녀들은 이 일을 무척 좋아했다. 천한 신분으로 부잣집에 가서 위세를 부릴 수 있는 절호의 기회였기 때문이다. 연산군 8년1502 부호들의 혼수가 극히 사치하다 하여 납채納采, 신랑 집에서 신부 집에 예를 갖춰 혼인을 청하는 의식, 혼인하는 날에 의녀를 보내 그 물품을 조사하게 하였다.

사헌부가 아뢰기를, "근래에 부잣집과 대족大族 들이 허영과 화려함을 서로 자랑하여 혼수와 치장을 극히 사치스럽게 하므로, 가난한 사람도 서로 따르려고 하다가 감당하지 못하여, 마침내 혼인 시기를 놓치게 되니 폐단이 장차 금하기 어렵겠습니다. (중략) 혼인하는 집에서는 납채하고 예식 올리는 날짜를 미리 관아에 알리도록 하여 그날이 되면 아전을 보내 감찰하도록 하고, 아전을 보낼 수 없는 곳에는 의녀를 보내 감찰하도록 하되, 만약 날짜를 알리지 않았다가 뒤에 발각되면 가장家長 및 거주지 관원과 관령을 중한 죄로 논하도록 하소서. (중략) 금란禁亂, 법을 어기거나 사회를 혼란스럽게 하지 못하도록 법적으로 금지하는 일하는 서리書吏, 나장羅將, 군무를 맡아보던 관아 소속 사령과 감찰하는 의녀가 금지 물품을 사용하는 사람을 알리지 않고 있다가 뒤에 발각된다면 사면 전임을 가리지 말고 모두 장杖 백 대를 치고, 서리와 나장은 먼 변방에 보내어 군사에 편입하도록 하소서" 하니, 그대로 따랐다.[71]

이와 같이 혼인의 사치를 막기 위한 조처의 일환으로 의녀에게는 혼인하는 데 사치스러운 사라능단紗羅綾緞, 비단의 통칭을 사용하는지 여부를 조사하게 했다. 그리고 만일 의녀가 사실대로 고발하지 않은 것이 드러나면 곤장 백 대를 치게 하였다.

시종

의녀는 왕실 여성의 시종侍從 역할을 하였다. 특히 왕비가 친잠례親蠶禮를 행할 때 동원되었다. 친잠례는 조선시대 왕비가 누에치기를 장려하기 위해 내명부內命婦, 궁중에서 품계를 받은 여인을 통틀어 이르는 말와 외명부 여성들을 거느리고 후원에 설치한 채상단採桑壇에 나아가 누에에게 주기 위해 뽕잎을 따는 의식이었다.[72] 이 의식은 만물이 자라기 시작하는 3월에 친경례親耕禮, 농업 장려를 위해 임금이 논밭에서 몸소 농사를 짓던 일와 함께 시행되었다. 이때 내명부 1품 이상의 후궁은 왕비를 수행하여 친잠례에 참여하였다. 왕비가 친잠례를 행할 때 의장을 받들 자와 각 차비差備가 내시만으로는 부족하다 하여 기녀로써 충당하도록 하고, 기녀가 부족하면 의녀로써 충당하되 임시로 기녀의 의복을 입게 하였다. 친잠을 할 때 의녀나 기녀가 의장을 받들게 한 것은 왕비를 시종할 때도 내외법을 따랐기 때문이다.

영조의 계비 정순왕후 김씨가 경복궁 후원에서 행한 친잠례 때 혜빈惠嬪, 혜경궁 홍씨, 왕세손빈을 비롯해 내·외명부의 여성이 왕비를 수행하였다. 내명부는 1품 이상, 외명부는 당상관 이상의 부인들이 선발되었다. 친잠례에는 많은 여성들이 동원되었다. 친잠례는 절목이 매우 많았기 때문에 그 절차를 의녀에게 상세히 강습하였다. 영조 43년1767 1월 24일 영조는 사궁四宮, 서울에 있던 네 개의 궁. 명례궁明禮宮, 수진궁壽進宮, 어의궁於義宮, 용동궁龍洞宮을 이른다에 분부하여 누에를 치는 잠모蠶母를 선정하되 의녀로써 충당해 차출하고 의장을 받들게 하였다.[73]

또 중종 8년1513 4월 소릉昭陵, 단종의 어머니 현덕왕후 권씨의 무덤을 안산에서 현릉顯陵으로 옮겨 갈 때에는 왕비의 상喪이라 하여 나인으로 하여금 시위侍衛, 곁에서 모시며 호위하는 일하게 하고, 능을 돋울 때에는 남자가 시위할 수 없다 하여 의녀 네 명을 보내도록 하였다.

의녀는 이처럼 여성으로서 궁중 여성과 관련된 다양한 일, 즉 노동력을 요하는 비교적 단순한 일뿐만 아니라 지적인 능력을 요하는 일에도 동원되었다.

의녀는 글을 알아서 죽은 궁인의 제사를 지낼 때 제문을 언문으로 번역해 읽기도 했다. 또 궁중의 의례 행사에 함께 불려 나온 기녀에게 글과 시구를 가르치기도 하였다.

대부분의 의녀가 의술을 배워 전문적인 지식을 쌓았다 하더라도 환자 치료에만 전념할 수 없는 실정이었다.

사라지는 의녀, 새로운 여의사·간호사의 탄생

19세기 말 조선이 근대화의 길을 걷게 되면서 의료 체계가 개혁되고, 또 새로운 의학 교육의 시작과 아울러 의녀는 역사의 저편으로 사라지게 되었다. 1894년 갑오개혁의 단행으로 조선의 보건의료 제도도 근대화의 길을 걷게 되었다. 내정개혁을 추진하기 위해 군국기무처를 창설했고, 이 기구에 의해 의료사업은 내무아문에 소속된 위생국이 맡게 되었다. 이에 따라 조선시대 의과 제도가 폐지되고 의사 임명 및 등용이 새로운 관리임용법에 따라 진행되었다. 1899년 근대식 병원인 내부병원을 설립하고 이듬해에 광제원으로 이름을 바꾼 후 일반 구료 사업과 죄수 치료·전염병 치료 시설을 갖추고, 1906년에 부인과를 특설했다. 1907년 의정부 직할 대한의원이 설립되어 광제원의 역할을 계승·담당하고 교육부·위생부를 증설했다.

의학 교육 부분에서는 1899년 학부 직할로 서양의학을 가르치는 관립 의학교가 설립되었다. 이후 대한의원으로 개칭되었다가 그 관제는 1909년 2월에 개정했는데, 이때 치료부·의육부·위생시험부를 폐지하고 새로 대

대한의원 본관(1907), 서울대학교병원 소장

한의원에 부속의학교를 두어 의사·약제사·산파 및 간호부 양성에 관한 사항을 관장하게 했다.[74] 그러나 서양 선교사들의 도움을 받아 외국에서 의학을 배워 오는 경우를 제외하면 조선에서 여자가 의사가 되기란 아직은 매우 어렵고 힘든 일이었다.

여성에게 새로운 서양의학 교육을 시행하여 환자의 진료와 치료, 간호를 담당하게 하면서 조선시대 의녀 제도는 막을 내렸다. 조선 사회에서 여성 전문인으로 큰 역할을 담당했던 의녀는 국가가 인정하는 의료인으로서의 역사성을 상실했다. 그리고 근대 서양의학 교육을 받은 새로운 이름의 간호사가 의녀의 역할을 계승하며 여성 의료인으로 성장해갔다.

최초의 여성 의사, 박에스터

이 땅에 서양의학이 들어오고 의학계의 근대화가 이루어지면서 여성도 한의사, 양의, 간호사 등으로 다양하게 활동하기 시작했다. 서양식 근대 의술을 익힌 최초의 여의사는 박에스터다(본명은 김점동金點童). 에스터는 세례명이고 결혼 후 서양식으로 남편의 성을 따라 박에스터가 되었다.

1876년 김홍택金弘澤의 딸로 태어난 박에스터는 아버지가 배재학당의 설립자인 아펜젤러 목사의 집에서 일한 인연으로 이화학당을 졸업했고, 영어에 능숙하여 1890년 10월 한국 최초의 여성병원인 보구여관保救女館, 이화여대부속병원의 전신에 부임한 선교사이자 여의사 로제타 셔우드 홀Rosseta Sherwood Hall의 통역을 맡으며 의료 기술도 배우게 되었다. 이때 언청이 수술이 성공하는 것을 보고 감탄하여 의사가 되기로 결심했다.

최초의 여의사 박에스터

1893년에는 의료선교사 홀 부부의 중매로 그들을 돕던 박유산과 결혼했으며, 결혼 후에도 남편의 외조 아래 사회 활동을 계속했다. 1894년 남편을 병으로 잃고 미국으로 돌아가는 홀 부인을 따라 한국 여성 최초로 미국 유학을 떠났다. 미국에 간 지 1년 8개월 만인 1896년 10월 볼티모어 여자의과대학존스 홉

킨스 의과대학의 전신에 입학하여 1900년 6월 한국 최초의 여학사, 여의사가 되었다. 1900년 11월 귀국한 박에스터는 1903년경 콜레라가 유행하자, 평안도와 황해도의 구석진 촌락까지 나귀를 타고 다니며 무료 진료를 하였다. 이후 그녀는 홀 부인이 의료 사업을 벌이고 있던 평양의 광혜여원廣惠女院에 자리를 잡았다. 그녀의 외과 수술 실력은 당시 사람들이 귀신이 재주를 부린다고 여길 정도였다. 그러나 안타깝게도 박에스터는 과로로 인한 폐결핵으로 1910년 불과 서른네 살의 젊은 나이로 세상을 떠나고 말았다.

주

1 『태조실록』 권2, 태조 1년 9월 21일 기해.
2 『태종실록』 권8, 태종 4년 12월 8일 을해.
3 『세종실록』 권53, 세종 13년 7월 21일 계미.
4 『태종실록』 권11, 태종 6년 3월 16일 병오.
5 의녀의 교육에 대해서는 박선미, 「조선시대 의녀교육 연구—그 양성과 활동을 중심으로」, 중앙대학교 대학원 박사학위논문, 1995 참고.
6 『태종실록』 권35, 태종 18년 6월 21일 경자.
7 『세종실록』 권22, 세종 5년 11월 28일 을사.
8 신동원, 『호열자, 조선을 습격하다』, 역사비평사, 2004, 179쪽.
9 같은 책, 184~185쪽.
10 『현종실록』 권1, 현종 즉위년 6월 10일 기해.
11 『대전속록』 권3, 「예전禮典」, 장권(奬勸).
12 성현, 『용재총화』 권10.
13 같은 책, 권9.
14 『인조실록』 권34, 인조 15년 3월 8일 정미.
15 『고종실록』 권19, 고종 19년 12월 29일 신사.
16 신동원, 앞의 책, 194쪽.
17 『태종실록』 권28, 태종 14년 9월 6일 병자.
18 『세조실록』 권38, 세조 12년 1월 15일 무오.
19 『고종실록』 권22, 고종 22년 2월 29일 기해.
20 『세종실록』 권19, 세종 5년 3월 17일 무술.
21 『세종실록』 권22, 세종 5년 12월 4일 신해.
22 『세종실록』 권22, 세종 5년 12월 27일 갑술.
23 『세종실록』 권50, 세종 12년 12월 15일 신사.
24 『세조실록』 권20, 세조 6년 5월 22일 정유.

25『세조실록』 권30, 세조 9년 5월 22일 경술.
26『성종실록』 권89, 성종 9년 2월 16일 기유.
27『성종실록』 권175, 성종 16년 2월 15일 정묘.
28『중종실록』 권64, 중종 23년 12월 16일 계미.
29『인조실록』 권46, 인조 23년 10월 9일 정해.
30『현종개수실록』 권27, 현종개수 15년 2월 21일 을묘.
31『영조실록』 권42, 영조 12년 7월 29일 신유.
32『숙종실록』 권3, 숙종 1년 5월 10일 무진.
33『숙종실록』 권50, 숙종 37년 11월 15일 경자.
34『중종실록』 권21, 중종 9년 10월 17일 병오.
35 같은 기사.
36『중종실록』 권102, 중종 39년 2월 19일 무자, 2월 21일 경인.
37『승정원일기』 14책, 인조 4년 윤6월 4일 갑진.
38 인제대학교 인문의학연구소, 「허임許任과 치종의治腫醫 전통」, 『백병원보』 2008년 3월호.
39『중종실록』 권73, 중종 28년 1월 9일 임자.
40『정조실록』 권54, 정조 24년 6월 14일 을축.
41 의녀의 활동에 대해서는 박선미, 앞의 논문, 107~184쪽 참고. 그는 의녀의 의료 활동을 ①간호 활동, ②조산 활동, ③진찰 활동, ④침구 활동, ⑤명약 활동 등으로 나누고, 비의료 활동으로 ①연회 참석 활동과 창기 활동, ②수색 활동, ③간심(看審) 활동 및 기타 사회 활동으로 나누고 있다.
42『중종실록』 권105, 중종 39년 10월 25일 경인.
43『승정원일기』 88책, 인조 22년 6월 23일 기묘.
44『승정원일기』 112책, 효종 원년 3월 27일 경진, 4월 14일 정유, 4월 21일 갑진.
45 김호, 「16세기 후반 경京·향鄕의 의료환경—『미암일기』를 중심으로」, 『대구사학』 64, 2001, 150쪽.
46『세종실록』 권65, 세종 16년 7월 25일 경자.
47『명종실록』 권11, 명종 6년 6월 4일 신유.
48『광해군일기』 권10, 광해군 즉위년 11월 11일 갑오.
49『광해군일기』 권147, 광해군 11년 12월 13일 임술.

50 『인조실록』 권32, 인조 14년 4월 2일 병자.
51 『영조실록』 권42, 영조 12년 8월 9일 경오.
52 『승정원일기』 216책, 현종 10년 8월 27일 정해.
53 『승정원일기』 377책, 숙종 24년 3월 29일 갑진.
54 『승정원일기』 464책, 숙종 37년 12월 21일 을해.
55 『정조실록』 권26, 정조 12년 10월 3일 신묘.
56 『광해군일기』 권58, 광해군 4년 10월 6일 병인.
57 성현, 앞의 책, 권10.
58 『성종실록』 권220, 성종 19년 9월 28일 무자.
59 『성종실록』 권266, 성종 23년 6월 14일 계축.
60 『중종실록』 권21, 중종 10년 3월 22일 기묘.
61 『선조실록』 권126, 선조 33년 6월 30일 신축.
62 『선조실록』 권8, 선조 7년 윤12월 13일 계미.
63 『선조실록』 권9, 선조 8년 1월 9일 기유.
64 『연산군일기』 권56, 연산군 10년 11월 4일 경인.
65 『중종실록』 권10, 중종 5년 2월 1일 정해.
66 『중종실록』 권26, 중종 11년 11월 14일 신묘.
67 『영조실록』 권47, 영조 14년 12월 21일 기해.
68 『선조실록』 권64, 선조 28년 6월 2일 계묘.
69 『중종실록』 권56, 중종 21년 2월 15일 무진.
70 『광해군일기』 권67, 광해군 5년 6월 13일 경자.
71 『연산군일기』 권44, 연산군 8년 6월 8일 무신.
72 『친잠의궤』.
73 『영조실록』 권108, 영조 43년 1월 24일 기축.
74 김두종, 『한국의학사』, 탐구당, 1979.

참고문헌

『경국대전』.
『대전속록』.
『미암일기』.
『속대전』.
『승정원일기』.
『용재총화』.
『육전조례』.
『조선왕조실록』.
『친잠의궤』.
『호산청일기』.

김두종, 「근세조선의 의녀제도에 관한 연구」, 숙명여자대학교 아세아여성연구소, 1962.
______, 『한국의학사』, 탐구당, 1979.
김미은, 「조선시대 의녀제도에 관한 고찰」, 경성대학교 교육대학원 석사학위논문, 2004.
김성균, 「한국여의제도창설약고韓國女醫制度創設略考」, 『백산학보』 3, 1967.
김용숙, 『조선조 궁중풍속 연구』, 일지사, 1987.
김우겸, 『한의학과 현대의학』, 서울대학교출판부, 2003.
김호, 「16세기 후반 경京·향鄕의 의료환경—『미암일기』를 중심으로」, 『대구사학』 64, 2001.
______, 『조선의 명의들』, 살림, 2007.
문성희, 「조선 후기 의녀의 활동과 사회적 지위」, 숙명여자대학교 대학원 석사학위논문, 1997.
박선미, 「선초 여성교화와 의녀양성제도의 성립」, 『한국교육사학』 16, 1994.
______, 「조선시대 의녀교육 연구 —그 양성과 활동을 중심으로」, 중앙대학교 대학원 박사학위논문, 1995.

______, 「조선시대 의녀의 사회적 기능」, 『한국교육사학』 18, 1996.
손홍렬, 「조선시대 의료제도(III)—선초의 의녀 교육과 의학교과서를 중심으로」, 『남사정재각박사고희기념동양학논총』, 남사정재각박사고희기념동양학논총간행위원회, 1984.
신동원, 『호열자, 조선을 습격하다』, 역사비평사, 2004.
이능화, 『조선해어화사』, 동양서원, 1927.
이민정, 「조선 후기 의녀제도의 운영—17세기를 중심으로」, 경희대학교 교육대학원 석사학위논문, 2001.
이배용, 「박에스터(1876~1910): 사회봉사에 몸 바친 여자 의학박사」, 『한국역사 속의 여성인물』 상, 한국여성개발원 1998.
인제대학교 인문의학연구소, 「허임許任과 치종의治腫醫 전통」, 『백병원보』 2008년 3월호.
______, 「대장금과 조선의 의녀제도」, 『백병원보』 2008년 4월호.
황상익, 「한말 서양의학의 도입과 민중의 반응」, 『역사비평』 1998년 가을호(통권 44호).

'키워드 한국문화'를 펴내며

'키워드 한국문화'는 한국의 역사와 문화를 재발견하는 작업이다. 한국문화의 정수를 찾아 그 의미와 가치를 정리하는 일이다. 한 장의 그림 또는 하나의 역사적 장면을 키워드로 삼아, 구체적인 대상을 통해 한국을 찾자는 것이다. 처음 소개되는 것도 있을 것이고, 잘 알려져 있더라도 이제야 그 진면목이 드러나는 것도 있을 것이다. 영상과 멀티미디어에 익숙한 현대적 감각에 맞추어 시청각자료를 풍부히 활용하고자 했다. 우리 것이니 당연히 알아야 한다는 의무감에서가 아니라, 같은 땅에 살았던 사람들의 삶의 이야기를 조근조근 들려주어 자연스레 책을 펼쳐볼 수 있게 했다. 이로써 멀게만 느껴졌던 인문학과 독서대중의 간극을 좁히고자 했다.

한국문화를 전혀 모르는 사람들에게나, 어렴풋이 알고 있다고 생각하지만 선입관에 사로잡힌 사람들에게, 또 좀더 깊이 알고자 하지만 길을 찾지 못하는 사람들에게 '키워드 한국문화'는 좋은 안내자가 될 것이다. 한국이 어떤 나라인지 묻는 외국의 벗에게 이 책 한 권을 건넴으로써 대답을 대신할 수 있을 것이다. 책이 한 권 한 권 간행될수록 한국문화의 특징과 아름다움이 더욱 선명히 모습을 드러내리라 믿는다. 책으로 만든 '한국문화 특별전시관'의 완공을 손꼽아 기다린다.

키워드 한국문화 기획위원

김문식, 박철상, 신수정, 안대회, 정병설

키워드 한국문화 11
의녀

초판 인쇄 | 2012년 10월 27일
초판 발행 | 2012년 11월 3일

지은이 한희숙
펴낸이 강병선

책임편집 오경철 | 편집 오동규 임혜지 | 독자모니터 황치영
디자인 엄혜리 이주영 | 마케팅 우영희 나해진
온라인 마케팅 김희숙 김상만 이원주 | 제작 안정숙 서동관 임현식 | 제작처 영신사

펴낸곳 (주)문학동네
출판등록 1993년 10월 22일 제406-2003-000045호
주소 413-756 경기도 파주시 문발동 파주출판도시 513-8
전자우편 editor@munhak.com | 대표전화 031)955-8888 | 팩스 031)955-8855
문의전화 031)955-2660(마케팅) 031)955-2645(편집)
문학동네카페 http://cafe.naver.com/mhdn | 트위터 @munhakdongne

ISBN 978-89-546-1933-2 04900
978-89-546-0990-6 04900 (세트)

* 이 도서의 국립중앙도서관 출판시도서목록(CIP)은 e-CIP 홈페이지(http://www.nl.go.kr/ecip)와 국가자료공동목록 시스템(http://www.nl.go.kr/kolisnet)에서 이용하실 수 있습니다.(CIP제어번호: CIP2012004830)

www.munhak.com